Christoph T. M. Krause – Luz und Jesse

Eine Freundschaft fürs Leben

D1718109

Über dieses Buch.

Berlin 1936.

Deutschland richtet die XI. Olympischen Spiele der Neuzeit aus, drei Jahre nach der „Machtergreifung" und ebenso drei Jahre vor der Anzettelung eines weiteren Weltkrieges. Inmitten dieser Situation hat das Deutsche Reich die große Gelegenheit, sich selbst als weltoffenes Land zu präsentieren und damit die Weltöffentlichkeit über das wahre Gesicht dieses totalitären, rassistischen und Völker mordenden Staates hinwegzutäuschen. Antisemitismus und Diskriminierungen werden, auf Drängen des IOCs, weitestgehend vermieden, um die Chance dieser Spiele nicht zu verspielen.

Da kommen zwei höchst unterschiedliche Sportler auf die Weltbühne, ärgste Konkurrenten beim Weitsprung (u.a.) und zeigen dem Regime, was Freundschaft und Zusammenhalt wirklich bedeuten. Sie fordern Hitler und seine Entourage auf der Ehrentribüne heraus, indem sie sich gegenseitig helfen, gratulieren, umarmen und gemeinsam eine Ehrenrunde drehen.

Kommen Sie mit in diese spannenden Momente der Weltgeschichte, als ein Afroamerikaner und ein „Arier" dem schlimmsten totalitären Regime der Menschheitsgeschichte die Stirn bieten; Jesse Owens und Luz Long.

Weitere Romane und Sachbücher
des Autors Christoph T. M. Krause: www.kaybook.de

Christoph T. M. Krause

Luz und Jesse

Eine Freundschaft fürs Leben

© 2023 Christoph T. M. Krause
Umschlaggestaltung: Christoph T. M. Krause.
Coverfoto: picture-alliance / dpa
Copyright Abbildungen: Christoph T. M. Krause.
Christoph T. M. Krause, Heerstr. 394a, 13593 Berlin.
Verlag + Druck: tredition GmbH, Halenreie 42, 22359 Hamburg.

978-3-347-87191-5 (Paperback)
978-3-347-87205-9 (Hardcover)

**Bibliografische Information der Deutschen
Nationalbibliothek:**
Die Deutsche Nationalbibliothek verzeichnet diese Publikation in der
Deutschen Nationalbibliografie; detaillierte bibliografische Daten sind
im Internet über http://dnb.d-nb.de abrufbar.

INHALT   S. | 1

INHALT S. 2

INHALT   S. | 3

Dieses Buch ist Luz Long gewidmet.

Vorwort.

Das Jahr 1936 war ein besonderes Jahr, nicht nur für Deutschland.

Drei Jahre vorher, 1933, hatte es eine regelrechte Zeitenwende in Europa und der Welt gegeben. Mit Hilfe und ungewollter Mitwirkung der bestehenden und gleichzeitig ersten Demokratie in Deutschland, hatte eine faschistische „Bewegung" nach der Macht gegriffen, zunächst auf ganz legalem Weg.

Dieser Vorgang wird oft „Machtergreifung"[1] der Nazis genannt, war jedoch ein legitimer und rechtsstaatlicher Prozess, zumindest bis zu dem Punkt, als die Nazis diese Demokratie, die ihnen qua Verfassung zur Macht verhalf, radikal und schnell abschafften.

Dieser Vorgang ist die große Schwäche unserer Volksherrschaften, die jeweils die obersten Souveräne jedes demokratischen Staates sind. Sie haben hierdurch aber auch die Macht, eben sich selbst als Rechtsstaat und freiheitliche Gesellschaft abzuschaffen und sich in einer anderen Staatsform zu konstituieren.

Man könnte sagen, dies sei ein Treppenwitz der Geschichte! Was ist das für eine Staatsform, die, wie auf einem Präsentierteller, die Möglichkeit bietet, sich selbst abzuschaffen?! Und genau diese

---

[1] Siehe Wikipedia-Artikel unter Kapitel *„Machtergreifung"*.

Tatsache ist das ihr eigene Wesen, vergleichbar mit Sterbenskranken, die sich das Recht nehmen (was ihnen in manchen Staaten auch gewährt wird) ihr Leben in Selbstbestimmung zu beenden, obwohl der Schutz des Lebens eigentlich oberste Gesellschaftsdoktrin ist. Eine nahezu paradoxe Situation, aber gleichzeitig logisch und systemimmanent.

Und so müssen wir auch heute, nach fast einem Dreivierteljahrhundert, nach diesem faschistischen „Intermezzo", jederzeit damit rechnen, dass wir uns selbst abschaffen. Und obwohl dies äußerst unwahrscheinlich zu sein scheint und lange nicht für möglich gehalten wurde, waren wir im Jahre 2022 gezwungen, mitzuerleben, wie es in den USA und auch bei uns, Stürme auf das Parlament, eben den Souverän des Volkes gab, um eben diesen zu stürzen.

Die deutsche Staatsdoktrin, die sich zumeist wenig wehrhaft und zurückhaltend zeigt, wenn es um Angriffe auf unser Gemeinwesen geht, ist dabei zunächst klug und weise, in Hinblick auf unsere Geschichte. Andererseits erscheint diese Zurückhaltung oft als Schwäche und genau diese schreit nach denjenigen, die sie ausnutzen und damit den Staat zu vernichten trachten.

1936, drei Jahre nach diesem Regimewechsel, fanden die XI. Olympischen Spiele der Neuzeit ausgerechnet in diesem „neuen" Deutschland statt und boten ihm eine einmalige Weltbühne, sich auf eine Weise darzustellen, um die Weltgemeinschaft perfide zu täuschen und zu verbergen, was längst geplant und im Gange war:

Drei Jahre später der 2. Weltkrieg und der bereits laufende Holocaust.

Diese Olympische Spiele weckten große Erwartungen, sowohl an den Sport und seine Protagonisten, als auch an Deutschland, das versprach, die Regeln des IOC zu beachten. Antisemitismus und Rassismus sollen währen der Spiele verschwinden oder zumindest unsichtbar bleiben.[2] Die Welt wurde jedoch getäuscht und das gleich im großen Stil.

Denn das Naziregime zeigt „zwischen den Zeilen" seine Klauen, „Nichtarische", nämlich beispielsweise Farbige werden bzgl. ihrer Leistung auf das Niveau von kräftigen Tieren reduziert, sie könnten gut springen oder laufen, weil ihr Körper dies hergäbe. Diese Fähigkeiten wären aber nicht vergleichbar mit überlegenden Trainingsergebnissen, „arischem" Willen und genetischer (sprich „rassischer") Überlegenheit.

Inmitten dieser Gemengelage, treffen sich nun zwei Sportler, die unterschiedlicher nicht sein konnten.

---

[2] „Der [...] Präsident des *Internationalen Olympischen Komitees*, Thomas Bach, hielt an der Fassade der unpolitischen Spiele fest, wie dies schon so oft in der Vergangenheit der Fall gegenüber autoritären Regimen war (Berlin 1936, Moskau 1980, Peking 2008)." Zit. n. **Kluge Volker**, 100 JAHRE JESSE OWENS UND LUZ LONG - SIEGT DIE LEGENDE GEGEN DIE WAHRHEIT?, in: Zeitschrift Stadion - Internationale Zeitschrift für Geschichte des Sports: Bolz, Daphné and Carpentier, Florence, Special Issue - Olympism and International Sport Relations: Academia Verlag, Sankt Augustin 2012/2013, Vorwort deutsch, S. 4.

Gleichzeitig wird von ihnen beiden, in unterschiedlichen Lebensräumen und bevor sie überhaupt begonnen haben, die Wettkämpfe zu bestreiten, der jeweilige Sieg antizipiert.

Der eine, deutsch und „arisch" aussehend, der andere, hochgewachsen, drahtig, aber Afroamerikaner und als N**** verunglimpft, wenn auch selten direkt öffentlich (siehe Beispiele im nächsten Kapitel)

Und anstatt, dass sie gegeneinander kämpfen, nicht nur sportlich, sondern auch menschlich, gratulieren sie sich gegenseitig, wenn sie erfolgreich springen, umarmen sich und Luz gibt seinem stärksten Gegner Jesse noch in der Weitsprungsandbox Tipps, wie er seine Absprungschwierigkeiten in den Griff bekommen kann.

Dies bereitet, nach den Spielen, den Grund für eine daraus folgende, lebenslange internationale und interethnische Freundschaft, die bis heute, bereits in der dritten Generation, fortdauert, bringt aber auch einen Mythos zu Tage, der oft in Frage gestellt wurde.

Durch Luzens Tipps siegte Jesse und zwar endgültig, er sprang 8,06 Meter, gewann Gold und wurde zum Publikumsliebling bei einem deutschen, zum Nationalsozialismus verpflichteten Publikum. Welch ein abstruser Zustand! Der deutsche „arische" Vorzeigemensch wird jedoch nur Zweiter!

Hitler und seine Entourage, hoch oben auf der „Führerloge" toben. Rudolf Heß soll später angeblich Luz angerufen und ihm befohlen haben: *„Umarmen Sie nie wieder einen N****!"*

Ansonsten passiert Luz jedoch merkwürdigerweise weiter nichts, obwohl andere, für weitaus weniger, im Konzentrationslager (KZ, im Nazijargon „KL") landen.

In diesem Buch werden wir nun mitten ins aktuelle Geschehen eines berühmten Weltspektakels zurückversetzt und spüren die Atmosphäre dieses Ereignisses nach. Kommen Sie mit auf eine historische Reise, die, an einem einzigen Wettkampftag, eine Freundschaft für ein ganzes Leben, und Generationen darüber hinaus, begründete.

Doch bevor wir das tun, machen wir uns ein Bild von den wirklichen Zuständen in diesem „Dritten Reich", das drei Jahre später (Kriegsbeginn) und bis zu seinem Ende 1945 (Kapitulation), noch so viel unendliches Leid über die Welt bringen sollte.

Konzentrationslager gab es schon seit 1933, direkt nach der „Machergreifung" und das Regime versteckte sie nicht, im Gegenteil, sie wurden „beworben". Diese Art von „Bewerbung" war jedoch die Beschönigung einer fast „freiwilligen" und, von Seiten der Insassen, mit „Freuden" betriebene Umerziehung, mehr angeblich nicht. Den Insassen ging es vermeintlich gut und sie arbeiteten dort „frohgemut".

Lesen wir, was genau bekannt wurde und kommen dann zu Luz und Jesse zurück.

Rassismus und Diskriminierung. Beispiele.

Deutschland bzw. sein Regime hatte dem IOC zusagen müssen, während der Olympischen Spiele, (was das einzige war, worauf das Komitee naturgemäß nur Einfluss hatte), keine antisemitischen und rassistischen Ausfälle zu zeigen bzw. zuzulassen und damit den Geist der Spiele zu konterkarieren, dass alle Menschen gleich seien.

Trotzdem schien die wahre Gestalt dieses totalitären Staates überall durch, wenn auch in einer „noch" moderaten Form.

Am Beispiel zweier Sonderhefte der **Berliner Illustrirten Zeitung,** [3] wird diese Haltung indirekt sichtbar und lässt sich spezifizieren.

Sonderhefte zu Olympischen Spielen sind nicht ungewöhnlich, insbesondere nicht bei den Spielen von 1936. Und doch hatte es solche Publikationen, wie diese, zuvor in einer solchen Form nicht gegeben.

Erwartungsgemäß werden wir hier eine Art Werbung für das „Dritte Reich" erleben und insbesondere für die hohen Leistungen, zu denen Deutschland fähig sein sollte. Aber dies ist bei allen Spielen

---

[3] Berliner Illustrirte *[diese Schreibweise war bis 1941 üblich, Anm. d. Verf.]* Zeitung - Die beiden Sonderausgaben 1936:
"Olympia-Sonderheft" und „Bericht in Wort und Bild - Die 16 olympischen Tage". Siehe auch Literatur- und Medienhinweise, Literatur Nr. 2.

und Großveranstaltungen, überall und heutzutage, genauso, letztendlich ist es ja auch eine einzigartige Gelegenheit, sich selbst als Staat und Gesellschaftsform darzustellen und vielleicht sogar erst richtig bekannt zu machen.

Die Spiele von 1936 sollten eine große Werbeveranstaltung für ein neues Deutschland sein, das, nach dem Debakel des Ersten Weltkrieges, wieder „etwas" darstellen wollte.

Antisemitismus, Rassismus und andere Hinweise auf ein totalitäres, menschenverachtendes Land sollten und mussten tunlichst vermieden werden. Fast alle Hinweise auf Judenfeindlichkeit wurden für die Zeit der Spiele entfernt bzw. aus der öffentlichen Wahrnehmung verbannt.

Und gerade weil die Erfolge von „Nichtariern", insbesondere die des farbigen Zuschauerlieblings Jesse Owens, alle wettkampftechnischen, wie persönlichen Erwartungen übertrafen, waren die aktuellen Machthaber empfindlich herausgefordert, aber hielten sich in allen Belangen, während der Spiele, weitestgehend zurück.

Sucht man in unseren Heften nun nach Hinweisen, die das wahre, neue Deutschland, offen oder auch nur versteckt zeigen, findet man nur verschwindend wenige, offensichtlich nicht vermeidbare Äußerungen, die, aus heutiger Sicht, kritische Begriffe und/ oder Aussagen enthalten.

Hauptsächlich wurde hier nach rassistischen Begriffen gesucht, wie z.B. das „N-Wort", „Mulatte" (für ethnische gemischte Menschen), „schwarz" für Menschen mit dunklerer Hautfarbe oder „Rasse" bzw. deren Komposita.

Dabei stellte sich heraus, dass farbige Sportler wegen ihrer sportlichen Leistungen einerseits sehr positiv und anerkennend dargestellt werden, aber es kommt vor, dass sie an anderer Stelle auch mit ironischem Unterton, aufgrund ihrer Ethnie, schlecht gemacht werden (insbesondere bei Jesse Owens).

Aber urteilen Sie selbst (Zitate werden als solche in anderer Schriftart dargestellt und weisen keine Anführungszeichen auf):

Heft 1:

(S. 17): **Jesse Owens,**

Der Negersprinter, von dem optimistische Amerikaner vier olympische Siege erwarten, hat eine große Vorliebe für Tauklettern, dem er eine allgemein muskelbildende Kraft zuschreibt.

Diese Aussage ist zunächst neutral und bildet eine Vorliebe Owens' beim Training ab.

Eddie Tolan, Doppelsieger von Los Angeles 1932. (S. 23)

Der erste Neger, der die 100 m auf den Olympischen Spielen gewann. Der ungeheuer kräftige und gedrungene Kurzstreckler gewann in Los Angeles beide Sprintstrecken. Die Zahl seiner Siege, die er vor und nach den Spielen errang, war außerordentlich groß. Er fand, wie er sagt, keinen ebenbürtigen Gegner mehr und wandte sich deshalb 1934 dem in 1934 und Europa fast unbekannten Berufsläufertum in Australien zu. Von 1934 bis März 1935 bestritt er dort eine Wettkampfzeit mit großem Erfolg. Jetzt ist er Beamter im County-Haus in Detroit, wo er in der Abteilung für Dokumentenkopien arbeitet. Tolan ist ein sehr geschäftstüchtiger Mensch, denn aus seinem Weltruf hatte er auch auf der Bühne Erfolg. Als ‚Privatmann‘ spielt er am liebsten Karten. Auf unserem Bild ist seine Mutter seine Partnerin.

Die Beschreibung Tolans ist sogar sehr freundlich gestaltet, nichts zeugt hier von „rassebezogenen", besonderen Hinweisen.

(Seite 57): **Weitsprung.**

Amerikas großartiger Negerathlet Jesse Owens bei seinem einmaligen, stilvollen, mühelos aussehenden 8,13-m-Sprung.

An dieser Beschreibung Owens ist nichts auszuset-
zen und zeigt sich sogar bewundernd (**großartig**).

(Seite 14):

**Der Mulatte Archie Williams von der Univer-
sität Kalifornien wenige Meter nach dem Sprin-
terstart. Er ist der beste 200- und 400-m-Läu-
fer des amerikanischen Westens und erzielte im
Frühjahr 46,8 Sek. über 440 Yards (402,34
m). 220 Yards lief er in 21. Sek. Er dürfte sich
einen Platz im Endlauf auf der Aschenbahn des
Stadions auf dem Reichssportfeld erobern.**

Außer dem „M-Wort" zu Beginn des Beitrags, berichtet man in diesem Text nur von den herausragenden Leistungen dieses „gemischtethnischen"
Sportlers.

Heft 2:

Im Heft Nr. 2 wird der Duktus der berichtenden
Sprache, im Sinne der Naziideologie, nunmehr etwas deutlicher:

Hier ist auf S. 92 von:

Rassegenossen,

Angehörige[n] aller Rassen (S. 12)

---

und auf S. 43 auch wieder von **Mulatte**[n]
die Rede, die in der Hauptsache farbige bzw. eth-
nisch gemischte Amerikaner meinten. Siehe auch:

Der Neger Williams auf S. 92.

Jesse Owens, der erfolgreiche, afroamerikanische
Sportler, wird auf S. 92 als

„fliegender Neger"

tituliert, um an anderer Stelle (S. 25) bzgl. seiner
Leistung aufs Übelste verunglimpft zu werden:

**„Das Sprintphänomen der XI. Olympiade.
Jesse Owens gewann bei vollkommenem fehlen
einer ausgefeilten Technik dennoch den Weit-
sprung mit einer Weltrekordweite von 8,06
Metern. Sein Sprung ist weiter nichts als eine
Ausnutzung unbändiger Naturschnelligkeit und
Schnellkraft."**

Oder bei einem Rennen (S. 28):

„Der riesige langbeinige schwarze Mann aus USA, Woodruff, liegt hinter dem Negerdoktor [...]"

Die Natur der Leistungen Owens werden nun deutlicher in Frage gestellt und auf seine vermeintlichen körperlichen Vorteile als Farbiger reduziert. Owens ist danach nur deshalb so erfolgreich, weil er seine vermeintlichen, genetischen Vorteile der **Naturschnelligkeit** und **Schnellkraft** ausnutzt, ähnlich dem Farbigen Woodruff, der **langbeinig** ist.

Allerdings wird auf S. 92 auch das Thema *Frauen* angesprochen:

[...] und den deutschen Frauen-Sportwarten nur bestätigt, daß die Frau ebenso den Kampf schätzt wie der Mann. Während in vielen Ländern der Streit der Meinungen fortdauert – ob Frauen leichtathletische Kämpfe mitmachen sollen oder nicht – , werfen, springen und laufen unsere Mädels in ihren freien Stunden mit großem Vergnügen. Gisela Mauermayer ist ein glänzendes Beispiel dafür, daß Frauen die Leichtathletik ebenmäßig ausbilden."

21

Die Erkenntnis, dass die Frau dem Mann gleichsteht, wenn es um den Kampfeswillen geht, mutet als eine fast moderne Haltung an, die jedoch ein paar Sätze später durch die Titulierung: **unsere Mädels** wiederum verniedlichend daherkommt, obwohl diese Aussage, aus dem Blickwinkel der Zeit, eher als positive und fast väterliche Bezeichnung verstanden werden könnte, die für sich genommen, noch nicht frauenfeindlich sein muss.

Denn Frauen bilden die Leichtathletik **ebenmäßig**, also gleichberechtigt aus, sie sind also „das Ebenbild" [4] des Mannes, d.h. in jeder Beziehung sportlich gleich zu bewerten.

Auf S. 62 steht dazu:

„[...] eine einzige ihrer olympischen Gegnerinnen zeigt auch nur die Spur dieser Aehnlichkeit, wie diese beiden untereinander:

Kräftig, etwas untersetzt find beide, die starken Beinmuskeln fraulich abgerundet, der ganze Körper zeigt gesunde harmonische Kraft. Hätte die Japanerin nicht ihre rasseneigene hellbraune Hautfarbe, nicht das breitere schlitzäugige Gesicht und wäre Martha nicht weiß und nicht auf den ersten Blick ein waschechtes deutsches Mädel, man würde nicht glauben, daß diese beiden

---

[4] Ein biblischer Begriff, nach dem Gott den Menschen nach seinem „Ebenbild" schuf.

verschiedenen Rassen entstammen, so ähnlich ist ihre Statur. In den Vor- und Zwischenläufen ihres Kampfes trafen sie beide noch nicht und doch sind ihre Zeiten wieder dicht beisammen.

Die Deutsche schwamm 3:03 und 3:023,8, die Japanerin 3:01,9 und 3:03,1 Minuten - beide verbesserten den alten Olympischen Rekord von 3:06,3 schon in Vorläufen ohne jeden Kampf. Auch bei ihnen werden die Nerven das letzte Wort sprechen und über den olympischen Sieg entscheiden."

Was bei diesem Zitat auffällt und was sich in allen einzelnen Berichterstattungen wiederholt, ist die besondere Verherrlichung der japanischen Leistungen im Wettbewerb.

Im o.g. Zitat wird diese auffällige Vergleichspraxis zwischen deutschen und japanischen Sportlerinnen mit der Beschreibung der Leistungen von Frauen verknüpft. Dabei wird zum entscheidenden Faktor, dass bei Frauen, anders als bei ihren männlichen Kollegen, die Nerven zum entscheidenden Faktor erklärt werden. Frauen sind eben, trotz aller Gleichheit, doch sehr stark von ihren Gefühlen und Nerven bestimmt, was sie als eigentlich gleichwertige Kolleginnen wiederum zu potentiellen Gefühlneurotikern zurücksetzt. Männer scheinen bei ihren sportlichen Tätigkeiten diese Krux nicht zu haben.

Die Frage ist nun, warum waren die Japaner im Fokus der Berichterstattung und wie geht das zusammen mit der Vorstellung, dass bestimmte Völker, vorzugsweise die „Arier", eine höhergestellte „Rasse" sind, als andere. Waren Japaner nicht auch „Untermenschen" oder wurden sie als eine Form von „Ariern" gesehen?

Eigentlich hatte Hitler in seinem rassistisch-antisemitischen Machwerk *Mein Kampf* die Japaner als minderwertige Rasse eingestuft.

Hitler schreibt hierzu in „Mein Kampf", S. 318 f.:

Würde man die Menschheit in drei Arten einteilen: in Kulturbegründer, Kulturträger und Kulturzerstörer, dann käme als Vertreter der ersten wohl nur der Arier in Frage.

Von ihm stammen die Fundamente und Mauern aller menschlichen Schöpfungen, und nur die äußere Form und Farbe sind bedingt durch die jeweiligen Charakterzüge der einzelnen Völker.

Er [der „Arier, Hinzuf. d. Hg.] **liefert die gewaltigen Bausteine und Pläne zu allem menschlichen Fortschritt, und nur die Ausführung entspricht der Wesensart der jeweiligen Rassen.**

In wenigen Jahrzehnten wird zum Beispiel der ganze Osten Asiens eine Kultur sein eigen nennen, deren letzte Grundlage ebenso hellenischer Geist und germanische Technik sein wird wie dies bei uns der Fall ist. Nur die ä u ß e r e Form wird - zum Teil wenigstens - die Züge asiatischer Wesensart tragen. Es ist nicht so, wie manche meinen, dass Japan zu seiner Kultur europäische Technik nimmt, sondern die europäische Wissenschaft und Technik wird mit japanischen Eigenarten verbrämt.

Die Grundlage des tatsächlichen Lebens ist nicht mehr die besondere japanische Kultur, obwohl sie - weil äußerlich infolge des inneren Unterschiedes für den Europäer mehr in die Augen springend - die Farbe des Lebens bestimmt, sondern die gewaltige wissenschaftlich-technische Arbeit Europas und Amerikas, also arischer Völker.

Auf diesen Leistungen allein kann auch der Osten dem allgemeinen menschlichen Fortschritt folgen. Dies ergibt die Grundlage des Kampfes um das tägliche Brot, schafft Waffen und Werkzeuge dafür, und nur die äußere Aufmachung wird allmählich dem japanischen Wesen angepaßt.

Würde ab heute jede weitere arische Einwirkung auf Japan unterbleiben, angenommen Europa und Amerika zugrunde gehen, so könnte eine kurze Zeit noch der heutige Aufstieg Japans in Wissenschaft und Technik anhalten; allein schon in wenigen Jahren würde der Bronnen[5] versiegen, die japanische Eigenart gewinnen, aber die heutige Kultur erstarren und wieder in den Schlaf zurücksinken, aus dem sie vor sieben Jahrzehnten durch die arische Kulturwelle aufgescheucht wurde.

Daher ist, genau so wie die heutige japanische Entwicklung arischem Ursprung das Leben verdankt, auch einst in grauer Vergangenheit fremder Einfluß und fremder Geist der Erwecker der damaligen japanischen Kultur gewesen.

Den besten Beweis hierfür liefert die Tatsache der Verknöcherung und vollkommenen Erstarrung derselben. Sie kann bei einem Volke nur eintreten, wenn der ursprünglich schöpferische Rassekern verlorenging oder die äußere Einwirkung später fehlte, die den Anstoß und das Material zur ersten Entwicklung auf kulturellem Gebiete gab. Steht aber fest, dass ein Volk seine Kultur in den wesentlichen Grundstoffen von

---

[5] Literarisch veraltet für *„Brunnen".*

fremden Rassen erhält, aufnimmt und verarbeitet, um dann nach dem Ausbleiben weiteren äußeren Einflusses immer wieder zu erstarren, kann man solch eine Rasse wohl als eine ‚kulturtragende', aber niemals als eine ‚kulturschöpferische' bezeichnen."

Später jedoch wurden Japaner militärische Verbündete und es musste eine unkonventionelle Lösung geschaffen, besser konstruiert werden, um diese Unlogik erläutern zu können.

So wurden Japaner „einfach" zu **Ehrenariern** erklärt, was per se eine ungeheuerliche rassistische Arroganz zu Tage brachte, dass ein Volk, das sich selbst als höherwertig gegenüber anderen Ethnien definiert, die Traute besitzt, anderen Völkern die Gleichberechtigung abzusprechen, sie also als realiter minderwertig zu sehen, sie jedoch erwählt, um ihnen gnädig den Status eines gleichberechtigten „Ehrenmitglieds" der arischen Rasse zu verleihen.

Wir moderne Menschen möchten heute diese Ungeheuerlichkeit bestenfalls salopp mit dem umgangssprachlichen Aufschrei: *„Geht's noch?!"* brandmarken!

So waren die Japaner eigentlich als minderwertige **Gelbe** verachtet, später brauchte man sie jedoch als zweckdienliche Verbündete und sie wurden, wie bereits ausgeführt, zu Ariern „ehrenhalber".

Folgerichtig beschritt dieses krude und perfide reine Zweckbündnis einen schmalen Grat der deutsch-japanischen Verbundenheit, auf dem Gebiet der politisch-militärischen Zusammenarbeit und gleichzeitiger, zurechtgestrickter Rassenideologie, ähnlich einer Zweckehe, der es an des wahren Pudels Kern der Liebe mangeln würde.

Beeindruckend fanden die eigentlich ordnungs- und regelfanatischen Nazis (die schließlich den Holocaust mit größter Disziplin und Akribie planten und durchführten) die Disziplin der japanischen „Freunde", zumindest erschienen sie ihnen zweckmäßig für das gemeinsame Ziel, die „Vormachtstellungsambitionen" der Juden (und auch der Russen) im gemeinsamen Kampf zu eliminieren.

Zusätzlich fühlten sich die Japaner, ähnlich, wie die Nazis, selbst anderen Völkern überlegen, was die beiden Mächte, gewissermaßen per se, zu Waffen- und Ideologiebrüdern zusammenschmiedete. Trotzdem und im Grunde folgerichtig, blieb die jeweilige Skepsis dem anderen Herrenvolk gegenüber bestehen.

So gab es immer wieder Irritationen, ob der Frage, wo sich die Japaner, wenn sie von ihren Waffenbrüdern als „Nicht-Arier" oder „Farbige" verunglimpft wurden, selbst in diese Rassenideologie der Nazis einordnen sollten. Die Nazis versuchten deshalb immer wieder zu betonen, dass sie ihre verbündeten Japaner als „Sonderfall" sähen, die nicht, im Sinne der Rassenideologie, als minderes Volk anzusehen seien. Sie waren eben „Ehrenarier", von Gnaden des deutschen Herrenvolkes.

Wenn man den Duktus der Zeit betrachtet und sich von der heutigen Weiterentwicklung, in Bezug auf Sprache und Umgang mit anderen Ethnien, frei macht, waren damals Begriffe, wie „Neger" und „Rasse", im Verständnis der Menschen, durchaus „normale", aber unreflektierte Bezeichnungen, die niemandem als rassistisch erschien und von daher auch quasi unauffällig und fast unbewusst in die mediale Berichterstattung „hineinrutschte". Man ging erst gar nicht davon aus, dass diese Begriffe unangenehm auffallen würden oder ihre Verfasser Schaden nehmen könnten, weil sie eben gar nicht als problematisch galten.

Gleichzeitig wurde dadurch aber, auch ungewollt, der wahre Charakter dieses Regimes sichtbar, allerdings eher nur für uns als heutige Leser:innen. Zeitgenossen wären diese Begriffe als „üblich-normale" Begriffe erschienen.

Aber, fast wie ein Zwangsverhalten, zeigte sich z. B. bei der Titulierung von Owens Leistung doch die tatsächliche Gesinnung (s.o.), die sich hinter den damaligen Alltagsbegriffen zu verbergen suchte:

Owens Erfolge wurden durchaus (nahezu zynisch) anerkannt, aber mit den „rassebedingten" Einschränkungen bzw. Abkanzlungen. Seine Leistung war nur möglich, weil sie als

unbändige Naturschnelligkeit

abgetan wurde, die wie bei einem Tier, von der animalischen Natur seiner Spezies ausgeht und nichts mit individueller Leistung zu tun hat, hier **Schnellkraft** genannt.

Hier erkennt man, aus heutiger Sicht, dass die gesamte olympische Berichterstattung bemüht war, die Erfolge Deutschlands zu bewerben und auf keinen Fall, die unter der Oberfläche, fast wie ein wildes Tier lauernde, rassistische Gesinnung des neuen Deutschlands, an die Öffentlichkeit zu bringen.

Belege hierfür sind die fast erstaunlich wenigen antisemitisch-rassistischen „Ausfälle" in Sprache und Bild. Diese „moderaten" Darstellungen deckten sich mit dem, was im Straßenbild Berlins, zur Zeit der Olympischen Spiele, zu sehen, bzw. eben nicht zu sehen war!

Wir Lesende staunen deshalb nicht schlecht, wie sehr sich inzwischen, glücklicherweise, unsere Umgehensweise, der Respekt und die Achtung vor dem vermeintlich „Andersartigen" zum Guten gewandelt hat. Diese epochale, fast evolutionäre Veränderung wurde mittlerweile zum Alltag, der uns zur zweiten Natur geworden ist.

So erschreckt es uns, wenn wir in den letzten Jahren feststellen müssen, dass sich inzwischen immer mehr auch rückläufige, revanchistische Strömungen zu Wort melden, die sich über Genderisierung und

„Verhunzung" der Sprache mokieren und sich z.B. bei Fußballspielen mit diskriminierenden und rassistischen „Affenlauten" zu Wort melden, um farbige Spieler zu verunglimpfen.

Wie auch immer wir selbst zu solchen sprachlichen (und anderen) Auswüchsen und Diskussionen stehen, sollten unsere Sinne geschärft sein, wenn wir die Sonderhefte einer der damals erfolgreichsten und weitverbreitesten Zeitschriften, hier noch einmal dezidiert und mit dem Abstand von fast 90 Jahren, sichten können.

Übrigens, noch 1964 benutzte die westdeutsche Zeitschrift „Die Zeit" [6], aus heutiger Sicht, auch kritische, unsägliche Begriffe über Jesse Owens, der nach Berlin kam:

„Ausgerechnet ein Neger wurde 1936 im nationalsozialistischen Deutschland zur zentralen Figur der Berliner Spiele" oder

„… der […]) aus seiner Zuneigung zu seinem Gegner, dem Neger Jesse Owens, im Olympiastadion keinen Hehl machte."

Zum Abschluss noch ein Beispiel aus einem Artikel von Volker Kluge, der im Jahre 2012/2013 zitiert aus: *„M. Hausmann ,Der Panthersprung', in:*

---

[6] Zitieren von Quellen im Internet: URL:
https://www.zeit.de/1964/26/index. Stand 19.02.2023.
Zeit Online. ZEIT Nr. 26/1964: o.O. 26. Juni 1964, 08:00 Uhr, o. S.
Autor: Metzner, Adolf, Im Jahre 1936, Ein Amerikaner in Berlin. Jesse Owens und Hitler Das IOC kuscht nicht.

Olympia Zeitung, Nr. 15, 4. August 1936, S. 258"[7]:

> *„ [...] im Hochsprung wurde der Amerikaner Cornelius Johnson weiterhin auf die Stufe eines Raubtiers gestellt",*

Johnson hätte eine

> *„tierhafte, pantherhafte Vollkommenheit"*

und würde

> *„nur aus seinem Instinkt heraus handeln [...], während die ‚weiße Rasse' ihre Leistungen angeblich verstandesgemäß zu vollbringen pflege."*

---

[7] Ebd. Zit. n. Kluge Volker, S. 80.

Teil I

1936

Wie Deutschland wirklich war.

„Machtergreifung". Ein Wikipedia-Artikel.

„Mit Machtergreifung (auch Machtübernahme oder Machtübergabe) oder Machtergreifung der National-sozialisten [sic!] wird die Ernennung <u>Adolf Hitlers</u> zum <u>Reichskanzler</u> durch den <u>Reichspräsidenten</u> <u>Paul von Hindenburg</u> am 30. Januar 1933 bezeichnet.

Hitler übernahm an diesem Tag die Führung einer <u>Koalitionsregierung</u> von <u>NSDAP</u> und nationalkonservativen Verbündeten (<u>DNVP</u>, <u>Stahlhelm</u>), [...]

Zusätzlich zur eigentlichen Ernennung [sic!] umfasst der Begriff die anschließende Umwandlung der bis dahin bestehenden <u>parlamentarischen</u> <u>Demokratie</u> der <u>Weimarer Republik</u> und deren <u>Verfassung</u> [sic!] in eine nach dem nationalsozialistischen <u>Führerprinzip</u> agierende [sic!] <u>zentralistische</u> <u>Diktatur</u>.

Nachdem am 1. Februar der <u>Reichstag</u> aufgelöst worden war, schränkten die Machthaber in den folgenden, von nationalsozialistischen Terror gekennzeichneten Wochen [sic!] die politischen und demokratischen Rechte durch <u>Notverordnungen</u> des Präsidenten ein.

Als entscheidende Schritte auf dem Weg zur Diktatur [sic!] gelten die <u>Verordnung des Reichspräsidenten zum Schutz von Volk und Staat</u> (Reichstagsbrandverordnung) vom 28. Februar 1933 und das <u>Ermächtigungsgesetz vom 24. März 1933</u>.

Der _Reichstag_ verlor damit praktisch jegliche Entscheidungskompetenz. Neben vielen anderen [sic!] wurden auch _Parlamentarier_ ohne Gerichtsverfahren in _Konzentrationslager_ eingesperrt und _gefoltert_. [...]"

Bibliografische Angaben für „Machtergreifung".	
Seitentitel:	Machtergreifung
Herausgeber:	Wikipedia – Die freie Enzyklopädie
Autor(en):	Wikipedia-Autoren, siehe Versionsgeschichte
Datum der letzten Bearbeitung:	13 Oktober 2022, 14:24 UTC
Versions-ID der Seite:	227004101
Permanentlink:	https://de.wikipedia.org/w/index.php?title=Machtergreifung&oldid=227004101
Datum des Abrufs:	14. November 2022, 05:08 UTC
Unterstreichungen:	Sind im Originaltext blau markiert, um Verlinkungen anzuzeigen. Diese Verlinkungen wurden ausgelassen.

Die KZ-Öffentlichkeitskampagne, in Zeitschriften aus Berlin und München.

Schon 1933 war im Grunde allen Lesenden von Zeitschriften im Deutschen Reich bekannt, dass es Konzentrationslager der Nazis gab.

„Natürlich" wurde die eigentliche Funktion der Einrichtungen verschleiert, der jeweilige Alltag im KZ positiv als Schutzhaft dargestellt und der dortige Ablauf entsprechend perfide beschönigt. Trotz dieser Täuschungen konnte nun niemand mehr behaupten, er habe von der Existenz dieser Lager nichts gewusst, nur die Tragweite und wahre Bestimmung waren zu diesem Zeitpunkt uneindeutig.

Hier werden nun drei Beispiele dieser perfiden Taktik vorgestellt.

Das erste Beispiel berichtet über das **Konzentrationslager Oranienburg bei Berlin**:

Quellenangaben für „Im Konzentrationslager Oranienburg bei Berlin".	
Artikeltitel:	„Im Konzentrationslager Oranienburg bei Berlin", S. 634.
Datum der Erscheinung:	30. April 1933
Zeitschriftsname:	Berliner Illustrirte [sic!] Zeitung
Zeitschriftsausgabe:	Nr. 17 aus Gesamtausgaben v. 1933: S. 602-636.
Verlag:	Ullstein AG, Berlin SW 68, Kochstr. 22/26
Verantwortl. Redakteur:	Schriftleiter Carl Schnebel Berlin-Friedenau
Datum der Erscheinung:	30. April 1933
Nr. der Ausgabe:	17
Lizenzstatus	Gemeinfrei.
Orthografie und Interpunktion:	Unverändert + unkorrigiert.

Das zweite Beispiel stellt das **Konzentrationslager Dachau bei München** vor.:

Quellenangaben für „Die Wahrheit über Dachau".	
Artikeltitel:	„Die Wahrheit über Dachau"
Herausgeber:	Münchner Illustrierte Presse.
Verlag:	Knorr und Hirth GmbH, München, Deutschland (historisch Deutsches Reich)
Datum der Erscheinung:	16.07.1933.
Nr. der Ausgabe:	28
Herkunft der Kopie:	Sammelband aller Ausgaben aus 1933, aus privater Hand, S. 850 – 856.
Einsehbar:	Bayerische Staatsbibliothek Abtl. Karten und Bilder, Ludwigstr. 16, 80539 München. Sig. BA/2 Per. 52 d-10.
Lizenzstatus:	Gemeinfrei.
Orthografie und Interpunktion:	Unverändert + unkorrigiert.

Das dritte Beispiel berichtet über Torfstechen mit KZ-Insassen des **Dachau**er Lagers:

Quellenangaben für „Schutzgefangene beim Torfstechen".	
Artikeltitel:	„Schutzgefangene beim Torfstechen".
Herausgeber:	„Amper-Bote", Dachau
Datum der Erscheinung:	07.09.1933.
Jahrgang der Ausgabe:	61
Herkunft:	Stadtarchiv Dachau
Einsehbar über das Internet:	www.dachau.de/rathaus/aemter/aemter-und-abteilungen/amt-fuer-kultur-tourismus-und-zeitgeschichte/bestaende-amper-bote-ab-1877.html
Lizenzstatus:	Gemeinfrei.
Orthografie und Interpunktion:	Unverändert + unkorrigiert.

Die Darstellungen und Texte dieser drei Beispiele sind für unsere heutigen Augen durchweg nahezu unerträglich, da wir heute mehr davon wissen, was eigentlich in den Lagern geschah. Aber, selbst wenn wir dies nicht wüssten, erscheint diese Art von der dort vorgestellten „Schutzhaft" absurd und regt zumindest zum Nachdenken an.

Aber wenn wir heute uns selbst kritisch beobachten, so müssen wir feststellen, dass wir ständig mit grausamen Dinge aus Kriegen und von anderen Situationen konfrontiert werden und aus Selbstschutz oder Gewöhnungseffekt, die Tragweite der jeweiligen Information ignorieren oder sogar negieren. Von daher ist es schwierig und sogar ungerecht, die Lesenden von damals zu verurteilen, dass sie im Wissen, dass es solche Lager bereits 1933 gab, nicht gehandelt oder zumindest Fragen gestellt haben.

Dies wäre heutzutage ein Grund mehr, noch genauer hinzuschauen, als wir es vielleicht bereits tun.

Könnten wir heute an dem, was wir erfahren, tatsächlich etwas ändern, auch wenn wir dies publizieren oder kommunizieren würden?

Beispiel 1

Konzentrationslager Oranienburg bei Berlin

Aufnahmen aus dem Konzentrationslager Oranienburg bei Berlin, in dem politiſche Gefangene in Schutzhaft ſind: Antreten zum Appell.

Abb. 12 oben, Abb. 13 unten

Leibesübungen im Konzentrationslager.
Presseproll (Kugr. Möhring)

Im Konzentrationslager Oranienburg bei Berlin

Eine große Anzahl der in den letzten Wochen in Schutzhaft genommenen Perſonen ſind jetzt in Lagern geſammelt worden. Solche Lager wurden zuerſt in Süddeutſchland und dann auch in Preußen und Sachſen gebildet. Das württembergiſche Lager auf dem Heuberg iſt nach polizeilicher Mitteilung für 1500 Schutzhäftlinge eingerichtet, das bayriſche Lager bei Dachau ſoll 5000 Häftlinge faſſen können. Das Lager von Oranienburg bei Berlin und das ſächſiſche auf Hohnſtein ſind für kleinere Belegſchaften beſtimmt.

Dienſtordnung	
½ 6 Uhr	Wecken
¾ 6–6 Uhr	Betten machen
6 Uhr	Antreten
6–8 Uhr	Erledigung - Luftpflege
8¾–9 Uhr	Wäſchen - aufreihen
7–½ 8 Uhr	Kaffee
½ 8–½ 1 Uhr	Arbeitsdienſt
8 1 Uhr	Eſſen
– ½ 4 Uhr	Ruhe
½ 4–½ 8 Uhr	Leeräumer etc.
9–½ 6 Uhr	Sport
7 Uhr	Eſſen
½ 9 Uhr	Locken
9 Uhr	Zapfenſtreich

Im Tagraum des Lagers: Häftlinge beim Zeitungleſen.

Der Stundenplan für die Beſchäftigung der Lagerinſaſſen.

In der Arbeitspauſe — Unterhaltungen über Politik ſind geſtattet.
Keystone

45

Textabdruck Beispiel 1.

Seite 1, Abb.:

„Aufnahmen aus dem Konzentrationslager Oranienburg bei Berlin, in dem politische Gefangene in
Schutzhaft sind: Antreten zum Appell."

Seite 2, ad Abb. links oben, Untertext:

„Leibesübungen im Konzentrationslager.
Fotoaktuell (Ruge Möbius)"

Seite 2, ad Abb. links unten, links, Untertext:

„Im Tagraum des Lagers:
Häftlinge beim Zeitunglesen."

Seite 2, Abb. links unten, rechts, Text in Rahmen:

„

„Dienstordnung"	
½ 6 Uhr	*Wecken*
½ 6 bis 6 Uhr	*Betten machen*
6 Uhr	*Antreten*
6 – ½ 7 Uhr	*Entgasung – Entlüftung*
½ 7 bis 7 Uhr	*Waschen – anziehen*
7 – ½ 8 Uhr	*Kaffee*
½ 8 – ½ 1 Uhr	*Arbeitsdienst*
½ 1 Uhr	*Essen*
- ½ 2 Uhr	*Ruhe*
½ 2 – 4 Uhr	*Exerzieren etc.*
4 – ½ 6 Uhr	*Sport*
7 Uhr	*Essen*
½ 9 Uhr	*Locken* [was diese Angabe bedeutet, ist unklar, Anm. d. Verf.]
9 Uhr	*Zapfenstreich*

„Der Stundenplan für die Beschäftigung der Lagerinsassen."

„Im Konzentrationslager Oranienburg bei Berlin

Eine große Anzahl der in den letzten Wochen in
Schutzhaft genommenen Personen sind jetzt in Lagern gesammelt worden. Solche Lager wurden zu-
erst in Süddeutschland und dann auch in Preußen
und Sachsen gebildet. Das württembergische Lager
auf dem Heuberg ist nach polizeilicher Mitteilung für
1500 Schutzhäftlinge eingerichtet, das bayrische
Lager bei Dachau soll 5000 Häftlinge fassen können. Das Lager von Oranienburg bei Berlin und das
sächsische auf Hohnstein sind für kleinere Beleg-
schaften bestimmt."

„In der Arbeitspause – Unterhaltungen über Politik
sind gestattet.
Keystone"

Beispiel 2

Konzentrationslager
Dachau bei München

Arbeitsdienst im Erziehungslager   Aufnahmen: Bauer-München

Volksgenossen, die artfremden Verführern zum Opfer fielen und Wegbereiter des bolschewistischen Kommunismus in Deutschland waren und sein wollten, werden durch die heilende Wirkung produktiver Arbeit und straffer Disziplin zu brauchbaren Mitgliedern des nationalsozialistischen Staates erzogen

DIE WAHRHEIT ÜBER

Das konkrete Ziel der nationalsozialistischen Revolution wurde vom Führer und Kanzler des deutschen Volkes klar und deutlich mit folgenden Worten umrissen: „Ordnung im Innern als Vorbedingung der Entfaltung der Kraft nach außen". Daß diese Ordnung, auf ein Staatswesen aufgebaut sein muß, nie geschaffen werden kann, wenn Feinde des Staates, bewußte Störer der Ordnung sich ungehemmt betätigen können, liegt auf der Hand. So war zu allen Zeiten das am krassesten ins Auge springende äußere Merkmal jeder Revolution die Entfernung aller Feinde der Regierungsgewalt. Die französische Revolution ließ die Aristokraten durch theatralische Gerichtsverhandlungen zum Tode verurteilen und vollzog die Hinrichtung durch die Guillotine. Die kommunistische Revolution in Rußland ließ Millionen von unschuldigen Männern, Frauen und Kindern durch das Untermenschentum der Tscheka bestialisch hinmorden.

51

Textabdruck Beispiel 2. Seite 1.

„Arbeitsdienst im Erziehungslager

Volksgenossen, die artfremden Verführern zum Opfer fielen und Wegbereiter des bolschewistischen Kommunismus in Deutschland waren und sein wollten, werden durch die heilende Wirkung produktiver Arbeit und straffer Disziplin zu brauchbaren Mitgliedern des nationalsozialistischen Staates erzogen

Aufnahmen: Bauer-München"

Haupttext: „DIE WAHRHEIT ÜBER [...
[... DACHAU, auf der nächsten Seite, Hinzuf. d. Verf.]

Das konkrete Ziel der nationalsozialistischen Revolution wurde vom Führer und Kanzler des deutschen Volkes klar und deutlich mit folgenden Worten umrissen: ‚Ordnung im Inneren als Vorbedingung der Entfaltung der Kraft nach außen'. Daß diese Ordnung, auf der ein Staatswesen aufgebaut sein muß, nie geschaffen werden kann, wenn Feinde des Staates, bewusste Störer der Ordnung sich ungehemmt betätigen können, liegt auf der Hand. So war zu allen Zeiten das am krassesten ins Auge springende äußere Merkmal jeder Revolution die Entfernung aller Feinde der Regierungsgewalt. Die französische Revolution ließ die Aristokraten durch theatralische Gerichtsverhandlungen zum Tode verurteilen und vollzog die Hinrichtung durch die Guillotine. Die kommunistische Revolution in Russland ließ Millionen von unschuldigen Männern, Frauen und Kindern durch das Untermenschentum der Tscheka [8] bestialisch hinmorden."

[8 Eine Geheimpolizei der UdSSR, Hinzuf. d. Verf.]

Das Werk zweimonatigen Schaffens

Den Greuelmeldungen über Behandlung und Lebensverhältniſſe der Belegſchaft des Dachauer Lagers ſtellen wir dieſes vielſagende Bild gegenüber. Das Schwimmbaſſin für ſommerliche Freiſtunden wurde von einem Teil der Lagerinſaſſen in zwei Monaten ausgeſchachtet und mit einer ſauberen Einfaſſung verſehen

Handwerker bei der Arbeit

Gelernte Facharbeiter werden mit ihrer Berufsarbeit beſchäftigt. In Handwerkerſtuben ſitzen Schneider und Schuſter. Dieſe Zimmerleute bauen unter Leitung eines Meiſters aus ihrer Mitte einen Geräteſchuppen

DACHAU

Die Träger der deutſchen nationalſozialiſtiſchen Revolution des Frühjahrs 1933 ſtehen für ewige Zeiten vor dem Urteil der Geſchichte makellos da. SA. und SS., durch endlos lange Schreckensjahre terroriſiert und mißhandelt, wahrten in den Tagen, da ſie auf Befehl ihres Führers

Ein Werk, das ſeinen Meiſter lobt

Die verſchiedenen Arbeitsgruppen, die an dieſen Hausbau geſetzt ſind, legen einen geſunden Wetteifer an den Tag. In Schnelligkeit und Güte der Arbeit will jeder den anderen übertreffen

Textabdruck Beispiel 2. Seite 2.

Seite 2, Untertext Abb. oben:

„Das Werk zweimonatigen Schaffens

Den Greuelmeldungen über Behandlung und Lebensverhältnisse der Belegschaft des Dachauer Lagers stellen wir dieses
vielsagende Bild gegenüber. Das Schwimmbassin für som-
merliche Freistunden wurde von einem Teil der Lagerinsassen
in zwei Monaten ausgeschachtet und mit einer sauberen Ein-
fassung versehen"

Seite 2, Untertext Abb. Mitte links:

„Handwerker bei der Arbeit

Gelernte Facharbeiter werden mit ihrer Berufarbeit beschäftigt.
In Handwerkerstuben sitzen Schneider und Schuster. Diese
Zimmerleute bauen unter Leitung eines Meisters aus ihrer Mit-
te einen Geräteschuppen"

Seite 2, Text an linker Seite der Abb. unten rechts:

„Ein Werk, das seinen Meister lobt

Die verschiedenen Arbeitergruppen, die an diesen Hausbau
gesetzt sind, legen einen gesunden Wetteifer an den Tag. In
Schnelligkeit und Güte der Arbeit will jeder den anderen übertreffen"

Haupttext: [... weiter von Seite 1:] „DACHAU

Die Träger der deutschen nationalsozialistischen Revolution
des Frühjahrs 1933 stehen für ewige Zeiten vor dem Urteil der
Geschichte makellos dar. SA. und SS., durch endlos lange
Schreckensjahre terrorisiert und misshandelt, wahrten in den
Tagen, da sie auf Befehl ihres Führers" *[..., weiter n. S 3.]*

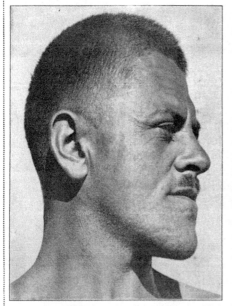 

Die vier Köpfe, die wir hier zeigen, vermitteln einen lebhaften Eindruck von der rassischen und artgemäßen Verschiedenheit der Belegschaft des Dachauer Erziehungslagers, mit dessen Errichtung der nationalsozialistische Staat verschiedene Ziele verfolgt. In erster Linie will er verderbte, unverbesserliche Individuen aus der deutschen Volksgemeinschaft entfernen. Diese Elemente leben im Lager Dachau von der übrigen Belegschaft getrennt und werden mit Sonderarbeiten beschäftigt. Dann ...

die Macht ergriffen, in übermenschlicher Beherrschung die Disziplin, die sie dem Gedenken ihrer 300 gefallenen Kameraden geschworen hatten. Ihrer Beherrschung ist es zu danken, daß die nationalsozialistische Revolution, eine deutsche, das heißt eine heilige Revolution genannt werden darf.

Aber sie durften die Lebensgrundlagen des deutschen Staates nicht angreifen lassen und mußten jene Elemente, die niederreißen wollen, während der Führer bereits aufbaut, entfernen. Aber indem sie es taten, zeugten sie für die hohe Kultur des Volkes, dem sie entstammten. Sie haben keinen Augenblick daran gedacht, sich an ihren Widersachern von ehemals zu rächen, den Satz „Auge um Auge, Zahn um Zahn"

Schwere Arbeit

Volksverführern, denen der Begriff Arbeit ihr Leben lang fremd geblieben ist, lernen ihn hier zum eigenen Nutzen kennen. Zum ersten Male arbeiten sie produktiv in einer Gemeinschaft

Textabdruck Beispiel 2. Seite 3.

Seite 3, Untertext der zwei Abbildungen. oben:

„Die vier Köpfe, die wir hier zeigen, vermitteln einen lebhaften Eindruck von der rassischen und artgemäßen Verschiedenheit der Belegschaft des Dachauer Erziehungslagers, mit dessen Errichtung der nationalsozialistische Staat verschiedene Ziele verfolgt. In erster Linie will er verderbte, unverbesserliche Individuen aus der deutschen Volksgemeinschaft entfernen. Diese Elemente leben im Lager Dachau von der übrigen Belegschaft getrennt und werden mit Sonderarbeiten beschäftigt. Dann..." *[weiter auf Seite 4]*

Haupttext:

[..., weiter von Seite 2] „die Macht ergriffen, in übermenschlicher Beherrschung die Disziplin, die sie dem Gedenken ihrer 300 gefallenen Kameraden geschworen hatten. Ihrer Beherrschung ist es zu danken, dass die nationalsozialistische Revolution, eine deutsche, das heißt, eine heilige Revolution genannt werden darf.
Aber sie durften die Lebensgrundlagen des deutschen Staates nicht angreifen lassen und mussten jene Elemente, die niederreißen wollen, während der Führer bereits aufbaut, entfernen. Aber indem sie es taten, zeugten sie für die hohe Kultur des Volkes, dem sie entstammten. Sie haben keinen Augenblick daran gedacht, sich an ihren Widersachern von ehemals zu rächen, den Satz ‚Auge um Auge, Zahn um Zahn' „ *[w. S. 4]*

Seite 3, Nebentext unten rechts von der Abb:

"S c h w e r e A r b e i t
Volksverführern, denen der Begriff Arbeit ihr Leben lang fremd geblieben ist, lernen ihn hier zum eigenen Nutzen kennen. Zum ersten Male arbeiten sie produktiv in einer Gemeinschaft" *[..., weiter auf Seite 4]*

 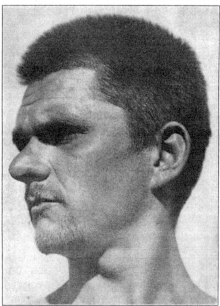

... will der Staat jenen Elementen, die im Dienste fremder Staaten oder überstaatlicher Mächte den deutschen Arbeiter zu undeutscher Weltanschauung verführten, jede Möglichkeit ihrer volkszersetzenden Tätigkeit nehmen. Schließlich will er d'e Verführten, deren Aufnahme in die Gemeinschaft seiner ordentlichen Staatsbürger er selbst anstrebt, durch erziehende Arbeit auf den Weg zurückbringen, der jedem deutschen Menschen in die nationalsozialistische Gemeinschaft offen stehen soll

haben sie bewußt der Vergessenheit übergeben und an seine Stelle den fundamentalen Satz des Nationalsozialismus gestellt „Gemeinnutz geht vor Eigennutz"

Die noch staatsfeindlichen Elemente, die sich durch marxistische Irrlehren verführen ließen, wieder zu aufbauender Arbeit zu bringen, ihnen den ethischen Wert einer wahren Gemeinschaft klar zu machen, war das nächste Ziel.

Erziehungslager wurden eingerichtet, in denen diese Elemente so festgesetzt wurden, daß sie sich nicht mehr staatsfeindlich betätigen können. Im gleichen Augenblick begannen sich im Ausland jene Kräfte zu rühren, die Deutschland zerstören wollten, weil sie ihrer Weltanschauung nicht zum Siege

(Fortsetzung auf Seite 854)

Verdientes Brot

Reichliche und nahrhafte Kost, in der großen Gemeinschaftsküche zubereitet, garantiert den vortrefflichen Gesundheitszustand [...] Kroren mit nur 0.5 Prozent Revierkranken

Textabdruck Beispiel 2. Seite 4.

Seite 4, Untertext der zwei Abbildungen oben:

[... weiter von Seite 3:] **„will der Staat jenen Elementen, die im Dienste fremder Staaten oder überstaatlicher Mächte den deutschen Arbeiter zu undeutscher Weltanschauung verführen, jede Möglichkeit ihrer volkszersetzenden Tätigkeit nehmen. Schließlich will er die Verführten, deren Aufnahme in die Gemeinschaft seiner ordentlichen Staatsbürger er selbst anstrebt, durch erziehende Arbeit auf den Weg zurückbringen, der jedem deutschen Menschen in die nationalsozialistische Gemeinschaft offen stehen soll"**

Haupttext: [...weiter von Seite 3:] „haben sie bewusst der Vergessenheit übergeben und an seine Stelle den fundamentalen Satz des Nationalsozialismus gestellt ‚Gemeinnutz geht vor Eigennutz'. Die noch staatsfeindlichen Elemente, die sich durch marxistische Irrlehren verführen ließen, wieder zu aufbauender Arbeit zu bringen, ihnen den ethischen Wert einer wahren Gemeinschaft klar zu machen, war das nächste Ziel.

Erziehungslager wurden eingerichtet, in denen diese Elemente so festgesetzt wurden, daß sie sich nicht mehr staatsfeindlich betätigen können. Im gleichen Augenblick begannen sich im Ausland jene Kräfte zu rühren, die Deutschland zerstören wollten, weil sie ihrer Weltanschauung nicht zum Siege (F o r t s e t z u n g a u f S e i t e 8 5 4)" *[weiter auf Seite 5]*

Seite 4, Untertext der Abb. unten rechts:

"V e r d i e n t e s B r o t

Reichliche und nahrhafte Kost, in der großen Gemeinschaftsküche zubereitet, garantiert den vorbildlichen Gesundheitszustand des Lagers mit nur 0,5 Prozent Revierkranken."

ERHOLUNGS-STUNDEN IM ERZIEHUNGS-LAGER

(Fortsetzung von Seite 853)

verhelfen können, so lange Deutschland lebt. Jene Kräfte, die nach dem Krieg unser Land und Volk von innen her zersetzen wollten. Eine bestimmte Schicht marxistischer und jüdischer Intellektueller überschwemmt seit Monaten die Welt mit Lügen insamster Art über die Behandlung und die Lebensverhältnisse der Schutzgefangenen in den deutschen Erziehungslagern. Die gemeinsten Verleumdungen werden über das bayerische Erziehungslager in Dachau bei München ausgedacht. Diese Leute kommen über die Tatsache nicht hinweg, daß die Mainlinie, das von ihnen erdachte Bollwerk gegen den Nationalsozialismus, nicht gehalten hat, was sie sich von ihr versprachen.

Was ist nun die Wahrheit über Dachau? Auf diesen Bilderseiten steht sie. Ein Lager, in dem Menschen zur Arbeit und zur Disziplin erzogen werden. Menschen, die eines Tages, wenn sie erzogen sind, in die große Front des deutschen Nationalsozialismus eingegliedert werden sollen. Menschen, die human behandelt werden, die gut verpflegt und mit größter Hingabe ärztlich betreut werden, wobei sich die ärztliche Fürsorge bis in die kleinsten Einzelheiten, wie eine Zahnklinik, erstreckt. Menschen, die arbeiten müssen, die aber freie Zeit genug haben, sich dem Spiel und Sport hinzugeben. Menschen, die dem Besucher, ohne daß man sie fragt, sagen, daß sie es in ihrem Leben noch nicht so gut und sorglos gehabt haben, wie hier in Dachau. Die aufatmen, daß sie endlich Gelegenheit haben, ihr Handwerk, ihre gelernte Arbeit wieder ausüben zu können.

Das ist die Wahrheit über Dachau, die aus den Bildern dieser Seiten so deutlich spricht, daß es eines weiteren Kommentars nicht mehr bedarf.

Sportliche Kampfspiele nach Feierabend
Über Mittagspause und Abendstunden kann im Erziehungslager jeder nach Lust und Liebe verfügen. Der Ringkampf, bei dem zuschauende Kameraden den Schiedsrichter stellen, ist im Lager ein beliebter Erholungssport

Im Sonnenbad
Eine Wiese in freiliegender Lagerecke gibt Luft- und Sonnen-Fanatikern Gelegenheit, in ihren liebsten Elementen zu baden

Rechts:
Leichtathleten unter sich
Sportgeräte stehen für die Freistunden den Leichtathleten zur Verfügung

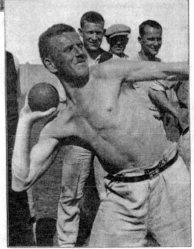

Textabdruck Beispiel 2. Seite 5.

Seite 5, Untertext Abb. oben links:

„Sportliche Kampfspiele nach
Feierabend

Über Mittagspause und Abendstunden kann im Erziehungslager jeder nach Lust und Liebe verfügen. Der Ringkampf, bei
dem zuschauende Kameraden den Schiedsrichter stellen, ist
im Lager ein beliebter Erholungssport"

Seite 5, Untertext Abb. unten links:

„Im Sonnenbad

Eine Wiese in freiliegender Lagerecke gibt Luft- und Sonnen-
Fanatikern Gelegenheit, in ihren liebsten Elementen zu baden"

Seite 5, Untertext Abb. unten rechts:

„Rechts:
Leichtathleten unter sich

Sportgeräte stehen für die Freistunden den Leichtathleten zur
Verfügung"

Haupttext [weiter von S. 4]

ERHOLUNGS-STUNDEN IM ERZIEHUNGS-LAGER

(Fortsetzung von Seite 853)

verhelfen können, so lange Deutschland lebt. Jene Kräfte, die nach dem Krieg unser Land und Volk von innen her zerfetzen wollten. Eine bestimmte Schicht marxistischer und jüdischer Intellektueller überschwemmt seit Monaten die Welt mit Lügen infamster Art über die Behandlung und die Lebensverhältnisse der Schutzgefangenen in den deutschen Erziehungslagern. Die gemeinsten Verleumdungen werden über das bayerische Erziehungslager in Dachau bei München ausgeheckt. Diese Leute kommen über die Tatsache nicht hinweg, daß das Mainlinie, das von ihnen erdachte Bollwerk gegen den Nationalsozialismus, nicht gehalten hat, was sie sich von ihr versprachen.

Was ist nun die Wahrheit über Dachau? Auf diesen Bilderseiten steht sie. Ein Lager, in dem Menschen zur Arbeit und zur Disziplin erzogen werden. Menschen, die eines Tages, wenn sie erzogen sind, in die große Front des deutschen Nationalsozialismus eingegliedert werden sollen. Menschen, die human behandelt werden, die gut verpflegt und mit größter Hingabe ärztlich betreut werden, wobei sich die ärztliche Fürsorge bis in die kleinsten Einzelheiten, wie eine Zahnklinik, erstreckt. Menschen, die arbeiten müssen, die aber freie Zeit genug haben, sich dem Spiel und Sport hinzugeben. Menschen, die dem Besucher, ohne daß man sie fragt, sagen, daß sie es in ihrem Leben noch nicht so gut und sorglos gehabt haben, wie hier in Dachau. Die aufatmen, daß sie endlich Gelegenheit haben, ihr Handwerk, ihre gelernte Arbeit wieder ausüben zu können.

Das ist die Wahrheit über Dachau, die aus allen Bildern dieser Seiten so deutlich spricht, daß es eines weiteren Kommentars nicht mehr bedarf.

Sportliche Kampfspiele nach Feierabend
Über Mittagspause und Abendstunden kann im Erziehungslager Jeder nach Lust und Liebe verfügen. Der Ringkampf, bei dem zuschauende Kameraden den Schiedsrichter stellen, ist im Lager ein beliebter Erholungssport

Im Sonnenbad
Eine Wiese in freiliegender Lagerecke gibt Luft- und Sonnenfanatikern Gelegenheit, in ihren liebsten Elementen zu baden

Rechts:
Leichtathleten unter sich
Sportgeräte stehen für die Freistunden den Leichtathleten zur Verfügung

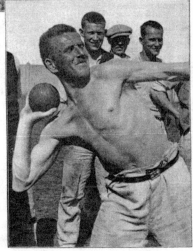

[Linke Seite ist eine Wiederholung von Seite 4]

„ERHOLUNGSSTUNDEN IM ERZIEHUNGSLAGER

(Fortsetzung von Seite 853)

[... weiter von Seite 4:] verhelfen können, solange Deutschland lebt. Jene Kräfte, die nach dem Krieg unser Land und Volk von innen her zersetzen wollten. Eine bestimmte Schicht marxistischer und jüdischer Intellektueller überschwämmt seit Monaten die Welt mit Lügen infamster Art über die Behandlung und die Lebensverhältnisse der Schutzgefangenen in den deutschen Erziehungslagern. Die gemeinsten Verleumdungen werden über das bayerische Erziehungslager in Dachau bei München ausgedacht. Diese Leute kommen über die Tatsache nicht hinweg, daß die Mainlinie, das von ihnen erdachte Bollwerk gegen den Nationalsozialismus, nicht gehalten hat, was sie sich von ihr versprachen.

Was ist die Wahrheit über Dachau? Auf diesen Bilderseiten steht sie. Ein Lager, in dem Menschen zur Arbeit und zur Disziplin erzogen werden. Menschen, die eines Tages, wenn sie erzogen sind, in die große Front des deutschen Nationalsozialismus eingegliedert werden sollen. Menschen, die human behandelt werden, die gut verpflegt und mit größter Hingabe ärztlich betreut werden, wobei sich die ärztliche Fürsorge bis in die kleinsten Einzelheiten, wie eine Zahnklinik, erstreckt. Menschen, die arbeiten müssen, die aber freie Zeit genug haben, sich dem Spiel und Sport hinzugeben. Menschen, die dem Besucher, ohne daß man sie fragt, sagen, daß sie es in ihrem Leben noch nicht so gut und sorglos gehabt haben, wie hier in Dachau. Die aufatmen, daß sie endlich Gelegenheit haben, ihr Handwerk, ihre gelernte Arbeit wieder ausüben zu können.
Das ist die Wahrheit über Dachau, die aus allen Bildern dieser Seiten so deutlich spricht, daß es eines weiteren Kommentars nicht mehr bedarf."

Im selbstgebauten Schwimmbassin

Kein Bild kann die niederträchtigen Lügenmeldungen über das Erziehungslager im Dachauer Moos schlagender widerlegen, als diese von unbekümmerter, natürlicher Freude an einer Badestunde zeugende Szene

Gesellschaftsspiel

Kindheitserinnerungen werden wach und lösen jene Gefühle der Sorglosigkeit aus, die jahre- oft jahrzehntelang durch politische Verhetzung verkümmern mußten

Schachede

Das uralte Spiel mit König und Königin hat auch in Dachau seine Freunde. Die Lager-Verwaltung fördert es, indem sie genügend Spiele bereitstellt

Textabdruck Beispiel 2. Seite 6.

Seite 6, Untertext Abb. oben:

„Im selbstgebauten Schwimmbassin

Kein Bild kann die niederträchtigen Lügenmeldungen über das Erziehungslager im Dachauer Moos schlagender widerlegen, als diese von unbekümmerter, natürlicher Freude an einer Badestunde zeugende Szene"

Seite 6, Untertext Abb. unten links:

„Gesellschaftsspiel

Kindheitserinnerungen werden wach und lösen jene Gefühle der Sorglosigkeit aus, die Jahre - oft jahrzehntelang durch politische Verhetzung verkümmern mussten"

Seite 6, Untertext Abb. unten rechts:

„Schachecke

Das uralte Spiel mit König und Königin hat auch in Dachau seine Freunde. Die Lager-Verwaltung fördert es, indem sie genügend Spiele bereitstellt"

In der Gemeinschaftsküche

Die Lagerinsassen müssen nach den Grundsätzen der Selbstverwaltung leben. Jede Abteilung stellt ihren Koch und die
nötigen Küchengehilfen, die für ordentliche und pünktliche Zubereitung der Mahlzeiten verantwortlich gemacht werden

Ordnung und Sauberkeit im Quartier

Ein sauberer Unterkunftsraum wirkt sich auf den Charakter seiner Belegschaft aus. So wird auch durch scheinbare Nebensächlichkeiten der Mensch
in Dachau neu geformt. Die Unterkunftsräume der Wachmannschaften unterscheiden sich in nichts von den Quartieren der Schutzhäftlinge

Textabdruck Beispiel 2. Seite 7.

Seite 7, Untertext Abb. oben:

„In der Gemeinschaftsküche

Die Lagerinsassen müssen nach den Grundsätzen der Selbstverwaltung leben. Jede Abteilung stellt ihren Koch und die nötigen Küchengehilfen, die für ordentliche und pünktliche Zubereitung der Mahlzeiten verantwortlich gemacht werden"

Seite 7, Untertext Abb. unten:

„Ordnung und Sauberkeit im Quartier

Ein sauberer Unterkunftsraum wirkt sich auf den Charakter seiner Belegschaft aus. So wird auch durch scheinbare Nebensächlichkeiten der Mensch in Dachau neu geformt. Die Unterkunftsräume der Wachmannschaften unterscheiden sich in nichts von den Quartieren der Schutzhäftlinge"

Beispiel 3

Konzentrationslager
Dachau bei München

Torfstechen
mit Gefangenen

Textabdruck Beispiel 3.

Dieser Zeitungsartikel zeigt einmal mehr, welche perfiden und menschenverachtenden Vokabeln benutzt werden, um den Lesenden Normalität vorzugaukeln.

Immerhin ist man jetzt so „ehrlich" und nennt die Torfstecher nun, zumindest am Anfang des Artikels, ,Gefangene' und nicht mehr Schutzhäftlinge, wobei dieses Wort später im Text doch noch einmal vorkommt und der Schreiberling in den sonst üblichen, alten Duktus zurückfällt.

Die „Gefangene" werden nun ,auserwählt', was die Anmutung eines Vorteils oder Gefallens vermitteln soll. Ob sich die erwähnten ,Quantitäten' auf die Sträflinge oder die Menge des Torfs beziehen, bleibt offen und ist offenbar bewusst doppeldeutig gehalten.

,...mit Spiel, Sport usw. [seien die Torfstecher, Hinzuf. d. Verf.] aufs beste unterhalten' und man könne die Schutzhäftlinge ,frohgemut arbeiten sehen'.

Eine größere Verhöhnung der Zwangsarbeiter kann man sich nicht vorstellen. Die Lesenden sollen langsam an den verstärkten Tenor des Artikels und damit des Themas gewöhnt werden. Die wesentlich schärfer formulierten Begriffe scheinen nun Programm auf dem Weg zum totalitären Staat zu sein.

Amper-Bote

Ein Blatt für Jedermann

Anzeigeblatt für Markt und Bezirk Dachau und Umgebung

Nummer 211   Donnerstag, den 7. September 1933   61. Jahrgang

„Schutzhaftgefangene beim Torfstechen.

Schon seit einigen Wochen kann man im Moos beim Eschenhof Gefangene arbeiten sehen.

Wie wir nun dazu erfahren, hat die Verwaltung des Dachauer Konzentrationslagers vom Pg.[9] Gutsbesitzer D i n k l e r, Gröbenzell Torf (bzw. Torfstich) gekauft, den die Lagerinsassen nun selbst stechen. Für diese Arbeit sind ca. 160 Mann ausersehen worden.

Und zwar sollen es meist Leute aus dem Donaumoos sein, die mit dem Torfstechen und -behandeln bereits vertraut waren. Da größere Quantitäten in Frage kommen dürften, ist noch mit längerer Dauer dieser Torfarbeiten zu rechnen.

Die unter SS.- und SA-Bewachung stehende Inhaftierten-Gruppe ist im Dinklerschen Gutshofe selbst einquartiert und soll sich in der Freizeit mit Spiel, Sport usw. aufs beste unterhalten.

[9 *Parteigenosse*, Anm. d. Verf.]

Tagsüber kann man die Schutzhäftlinge frohgemut arbeiten sehen. Annäherungen oder Gespräche mit fremden Personen sind den Torfarbeitern selbstverständlich ebenso untersagt wie den beim Lager selbst Arbeitenden. Auch hier wird die Bevölkerung ersucht, nicht unnötig herumzustehen."

Teil II

1936

Die Olympischen Spiele

Abb. 1

Abb. 2

Abb. 3

Teil II

1936

Die Olympischen Spiele

a. Luz und Jesse –
Ihre Geschichte

1. Jesse Owens. Ein Wikipedia-Artikel.

[Abb. und Untertext ausgelassen, Anm. d. Verf.]

James Cleveland „Jesse" Owens (* 12. September 1913 in Oakville, Alabama; † 31. März 1980 in Tucson, Arizona) war ein US-amerikanischer Leichtathlet.

Während seiner aktiven Sportlerlaufbahn stellte er mehrere Weltrekorde auf. International bekannt wurde Owens durch seine Siege bei den Olympischen Spielen 1936 in Deutschland. Mit vier Goldmedaillen (Erstplatzierung bei drei Sprintdisziplinen und beim Weitsprung) war er deren erfolgreichster Athlet.

[...]

Leben

Name

Den Spitznamen „Jesse" erhielt er von einer Lehrerin. Diese hatte seinen Akzent nicht verstanden, als er ihr sagte, dass man ihn **J. C.** nenne. Owens war das jüngste von zehn Kindern einer Farmpächter-Familie, die aus Alabama nach Ohio zog. (...)

Sportlicher Aufstieg

In seinem Geburtsstaat Alabama herrschte strikte Rassentrennung, sodass Owens als Afroamerikaner nach seinem Highschool-Abschluss nur auf eine 'schwarze' Universität hätte gehen können.

Er zog es vor, knapp nördlich der Mason-Dixon-Linie an der Ohio State University in Columbus zu studieren. Hier konnte er auch gegen Weiße starten, sofern die Wettkämpfe in Ohio und weiter nördlich, nicht jedoch weiter südlich (auf der anderen Seite des Ohio Rivers) stattfanden.

Bei solchen Wettkämpfen musste er zu Hause bleiben, sodass er einen sehr gemischten Wettkampfkalender hatte. Owens erhielt aufgrund seiner athletischen Begabung ein Stipendium, das entsprechend den Regeln die hohen Studiengebühren und Vollpension, nicht aber Taschengeld und Geld für Bücher, Wäsche etc. enthielt. Somit war er wie alle Sportler, deren (weiße und/ oder schwarze) Eltern nichts zum Studium beisteuern konnten, darauf angewiesen, sich ein Zubrot zu verdienen. Hierbei half die Universität, indem sie ihn als Liftboy auf dem Campus der Universität sowie als Page im Parlament Ohios anstellen ließ. (...)

Anderen Quellen zufolge erhielt Owens kein Stipendium von der Universität, sondern die Universität verschaffte Owens' Vater eine feste Anstellung. (...) In dieser Zeit herrschte in den USA die Weltwirtschaftskrise. Wohnen auf dem Campus wäre noch teurer gewesen, da schwarze Wohngegenden in Ohio preiswerter [sic!] als weiße waren. Dies und seine fehlenden finanziellen Möglichkeiten schlossen ihn weitgehend vom sozialen Leben seiner Mannschaftskollegen aus. (...)

Leichtathletik war bereits ein sehr angesehener Sport, und schon in der Schule wurde Owens' Talent von dessen Sportlehrer Charles Riley entdeckt und gefördert. (...) An der Universität wurde Owens von Larry Snyder trainiert, der ihn zum ersten schwarzen Mannschaftskapitän an der Ohio State University machte. (...)

Am 24. Mai 1935 soll Owens sich bei einer übermütigen Rauferei, bei der er im Treppenhaus des Studentenwohnheims stürzte, eine Verletzung am Rücken zugezogen haben, woraufhin ihm sein Trainer Larry Snyder dazu riet, seine Teilnahme an dem für den Folgetag geplanten Wettkampf abzusagen. (...) (...)

Dennoch stellte Jesse Owens am 25. Mai 1935 in Ann Arbor, Michigan [sic!] bei der *Big Ten Conference* auf den Sportanlagen der University of Michigan [sic!] innerhalb von 45 Minuten fünf neue Weltrekorde auf, einen Weltrekord stellte er ein.

Um 15:15 Uhr egalisierte er mit 9,4 s den bisherigen Weltrekord über 100 Yards (91,44 m). Um 15:25 Uhr sprang er die Weltrekordweite von 8,13 m, die erst am 12. August 1960 von Ralph Boston überboten wurde. Auf weitere Versuche verzichtete er. (...) Um 15:45 Uhr siegte er im Lauf über 220 Yards (201 m) mit 20,3 s, wobei er den Weltrekord um drei Zehntelsekunden verbesserte. Gleichzeitig wurde diese Zeit als Verbesserung des Weltrekords über die kürzere 200-Meter-Strecke anerkannt.

Um 16:00 Uhr brach er mit 22,6 s als erster Läufer die 23-Sekunden-Marke auf der 220-Yards-Hürden-Strecke. Auch diese Zeit wurde als Weltrekord über die 200-Meter-Hürden-Strecke anerkannt. Am folgenden Tag war in den Zeitungen wenig Resonanz auf die Weltrekorde Owens' zu finden, der als ,Ohio State Negro' abgetan wurde und tags zuvor von keinem Reporter interviewt worden war. [...]

Der Sprinter Bob Collier erinnerte sich Jahrzehnte später: *,Zwar waren fast alle im Feld die schnelleren Starter als Jesse, aber nach 30 Yards hatte er die Sache zu seinen Gunsten entschieden.'* [...]

Der Hürdenläufer Francis Cretzmeyer beschrieb Owens' Teilnahme am Weitsprungwettbewerb mit den Worten: *,Dass er nur diesen einzigen Versuch tat, setzte jedermann in Erstaunen. Jesse sprang sehr hoch, höher als der Kopf des an der Grube sitzenden Kampfrichters.'* [...]

Owens' Trainer Larry Snyder berichtete: *,Jesse schien über die Piste zu schweben. Er streichelte sie geradezu. Von den Hüften an aufwärts bewegte er den Körper praktisch nicht – er hätte eine volle Kaffeetasse auf dem Kopf balancieren können und nichts davon verschüttet.'* [...]

Um das Entsenden der Olympiamannschaft nach Deutschland zu finanzieren, wurden die Olympiaausscheidungswettkämpfe am 11./12. Juli in <u>Randalls Island</u>, N.Y. ausgetragen, kurz vor der Abreise nach Deutschland von New York City aus. Hierdurch zahlten die Sportler (bzw. ihre Vereine oder Universitäten) die Anreise nach New York. Auch die Olympiaausscheidungswettkämpfe aller anderen Sportarten fanden nördlich der Mason-Dixon-Line statt, um sicherzustellen, dass zumindest bei diesen keine Rassendiskriminierung stattfand, die es in den Südstaaten verboten hätte, dass Weiße und Afroamerikaner im selben Sportfest starten. (...)

Olympische Spiele 1936

[...]
[Abb. und Untertext ausgelassen, Anm. d. Verf.]

Owens bezog in der US-amerikanischen Presse erst spät eine politische Position bezüglich der Olympischen Spiele im <u>Dritten Reich</u>. (...) In einem Land, das dunkelhäutige und jüdische Athleten diskriminiere, wollte er nicht antreten. (...)

Von seinem Trainer Larry Snyder wurde er dafür scharf kritisiert und ihm wurde die Bedeutung der Olympischen Spiele für seine Sportkarriere verdeutlicht. (...) Dem öffentlichen Druck geschuldet, entsandte das <u>United States Olympic Committee</u> mit <u>Avery Brundage</u> einen Beobachter nach Berlin, um über die dortigen Verhältnisse zu berichten und über den Start der US-amerikanischen Olympiateilnehmer zu entscheiden. (...)

Am 15. Juli 1936 machte sich Owens [sic!] zusammen mit 382 weiteren US-amerikanischen Sportlern an Bord eines Schiffs aus New York [sic!] auf den Weg nach Berlin. [...] Kurz vor dem Ablegen gab Owens gegenüber Vertretern der Presse an Bord eine Erklärung ab, in der er ankündigte, er wolle drei Medaillen gewinnen, nämlich im 100-Meter-Lauf, im 200-Meter-Lauf sowie im Weitsprung. [...] Am 6. August 1936 forderte der Duisburger Jude Abraham Adolf Kaiser Jesse Owens in einem anonymen Brief auf, gegen den Rassismus in Deutschland zu protestieren. [...]

Bei den Olympischen Spielen 1936 gewann der 1,78 m große und 75 kg schwere Owens, der mit Schuhwerk von Adolf Dassler antrat, [...] vier Goldmedaillen (100 m, Weitsprung, 200 m und 4 × 100 m) und wurde damit der Athlet mit den meisten Goldmedaillen dieser Spiele. [...]

Owens erzählte später, dass er im zweiten Wettbewerb, dem Weitsprung, in der Qualifikation nach zwei Fehlversuchen zu scheitern drohte, doch habe der Deutsche Luz Long, der zu dem Zeitpunkt einen neuen Olympiarekord aufgestellt hatte, ihm den Tipp gegeben, seine Absprungposition einige Zentimeter vor dem eigentlichen Absprungbrett zu markieren, um auf Nummer sicher zu gehen. Owens folgte dem Rat, qualifizierte sich und gewann letztendlich Gold, während Long Silber errang. Diese lange verbreitete Legende ist jedoch widerlegt; die Fachzeitschrift *Der Leichtathlet* schrieb am 5. August 1936, beide Athleten hätten die geforderte Weite bereits im zweiten Versuch erreicht.

1965 räumte Owens gegenüber Olympiahistoriker Tom Ecker in einem Interview ein: ‚Das sind Geschichten, die die Leute hören wollen.' (…) (…) (…)

Der erste, der Owens nach seinem Sieg gratulierte, war jedoch tatsächlich Long. (…) Owens kommentierte dies später mit den Worten:

> 'It took a lot of courage for him to befriend me in front of Hitler. You can melt down all the medals and cups I have and they wouldn't be a plating on the 24-karat friendship I felt for Luz Long at that moment. Hitler must have gone crazy watching us embrace. The sad part of the story is I never saw Long again. He was killed in World War II."

> „Es kostete ihn viel Mut, sich vor den Augen Hitlers mit mir anzufreunden. Man könnte alle Medaillen und Pokale, die ich habe, einschmelzen, und sie würden nicht für eine Schicht über die 24-Karat-Freundschaft, die ich in diesem Moment für Luz Long empfand, reichen. Hitler muss wahnsinnig geworden sein, als er uns umarmen sah. Das Traurige an der Geschichte ist, dass ich Long nie mehr gesehen habe. Er wurde im Zweiten Weltkrieg getötet."

– Jesse Owens ^(...)

[...]
[Abb. und Untertext ausgelassen, Anm. d. Verf.]

Fehlende Anerkennung zu Hause

Direkt im Anschluss an die Olympischen Spiele wurde Owens zusammen mit dem US-amerikanischen Leichtathletikteam von <u>Avery Brundage</u> nach <u>London</u> zu weiteren Wettkämpfen geschickt. ^(...) Die Bedingungen für die Sportler waren dort recht schlecht, weshalb sich Owens auf den Heimweg in die USA machte, wo er seine Frau nach drei Monaten wiedersah. ^(...)

Wegen des Abbruchs der Europatournee des Leichtathletikteams wurde Owens von Brundage suspendiert und ihm zugleich der Amateurstatus des Leichtathletikverbands entzogen. ^(...) Dies führte dazu, dass Owens keine Starterlaubnis an Sportveranstaltungen des Amateurverbands mehr erhielt. ^(...)

Nach den Spielen hatte Owens Schwierigkeiten, seinen Lebensunterhalt zu verdienen, weswegen er mit 23 Jahren [sic!] auf Anraten seines Trainers Larry Snyder [sic!] seine Sportkarriere beendete. ^(...)
(...)

Er machte daraufhin Werbung für den Sport, hauptsächlich aber für sich selbst. In 100-Meter-Schaurennen gab er Läufern aus der Region jeweils 10 oder 20 Meter Vorsprung und gewann dennoch. Er trat auch gegen Rennpferde über eine Distanz von 100 Yards (91,44 m) an und gewann. [...]

Später entschuldigte er sich für diese Schauläufe: *‚Es war schlimm, aus olympischen Höhen herab zu kommen und gegen Tiere anzutreten, aber ich musste irgendwie überleben, die vier Goldmedaillen konnte man ja nicht essen.'* [...]

‚Ich war zum Spektakel geworden, ein verrückter Kerl.' [...] Später fand man den Trick heraus: Owens startete jeweils gegen höchst reizbare Vollblüter, die beim Startschuss derart erschraken, dass sie erst verzögert starteten. Weiterhin trat er gegen Motorräder und <u>Windhunde</u> an und erhielt auf der Party eines Millionärs 1000 US-Dollar für einen vorgeführten Weitsprung auf der Rasenfläche von dessen Anwesen. [...] [...]

Owens eröffnete eine Reinigung und trat in Nachtclubs [sic!] sowie <u>Varietés</u> auf. [...] Er tourte als Dirigent einer <u>Jazz</u>-Band durch die USA, wodurch er ein Vermögen verdiente, das er jedoch an der <u>Börse</u> wieder verlor. [...]

Er wurde wegen Steuerbetrugs angeklagt und musste 1939 Bankrott anmelden. [...] Daraufhin machte er sich mit einer <u>PR-Agentur</u> in den USA selbständig. [...] Zudem war er als Redner beim *Banquet Circuit* tätig, wo er primär von den Olympischen Spielen 1936 in Berlin berichtete. [...]

Späte Anerkennung

Erst nachdem Owens 1955 von <u>Dwight D. Eisen-</u><u>hower</u> zum ‚Botschafter des Sports' ernannt und um die Welt geschickt worden war, besserte sich seine finanzielle Situation, da er diverse Werbeangebote erhielt. (...)

Im Sommer des Jahres 1964 besuchte Owens erneut Berlin, um einen Dokumentarfilm über seine Karriere als Sportler zu drehen. (...) Diese Produktion, an der Jesse Owens als Erzähler [sic!] neben Luz Longs älterem Sohn Kai Long [sic!] beteiligt war, erschien 1966 unter dem Titel *Jesse Owens Returns to Berlin.* (...)

Owens, der 35 Jahre lang Kettenraucher gewesen war, starb im Alter von 66 Jahren an <u>Lungenkrebs</u>. (...) (...) Er wurde auf dem <u>Oak Woods Cemetery</u> in <u>Chicago</u> beigesetzt. (...) Zusammen mit seiner Frau hinterließ er drei Töchter: Marlene Owens Rankin, Beverly Owens Prather und Gloria Owens Hemphill.

[...]

Verhältnis zu führenden Politikern

Adolf Hitler

Häufig wird behauptet, <u>Adolf Hitler</u>, der bei einigen Wettkämpfen von Owens im Stadion anwesend war, habe ihm die Anerkennung für seine herausragenden Leistungen verweigert. Hitler wäre aber gar nicht in der Lage gewesen, einen direkten Affront gegenüber Owens zu begehen, weil er auf Intervention des IOC und entsprechend dem olympischen Protokoll [sic!] ab dem zweiten Wettkampftag keinem Gewinner mehr seine Glückwünsche aussprach. (...)

Als <u>Baldur von Schirach</u> vorschlug, Hitler solle sich gemeinsam mit Owens fotografieren lassen, geriet er angeblich wegen dieser ‚schweren Beleidigung' außer sich vor Wut. (...) In seiner Autobiografie schrieb Owens jedoch, Hitler sei aufgestanden und habe ihm zugewunken.

'When I passed the Chancellor he arose, waved his hand at me, and I waved back at him. I think the writers showed bad taste in criticizing the man of the hour in Germany.'

‚Als ich am Kanzler vorbeikam, stand er auf, winkte mir zu und ich winkte zurück. Ich denke, die Journalisten zeigten schlechten Geschmack, als sie den Mann der Stunde in Deutschland kritisierten.'

– Jesse Owens: The Jesse Owens Story, 1970 (...)

Valerie von Poson, die 1936 als Sekretärin für das <u>Nationale Olympische Komitee</u> tätig war, begleitete Owens nach dessen Gewinn der vierten Goldmedaille zum Stand von Hitler. (...)

Ralf Schreiber, der Owens als offizieller Dolmetscher bei den Olympischen Spielen begleitete, berichtete: ‚*Als wir circa 30 Meter entfernt waren und Hitler uns sah, stand er auf und mit ihm zwei SS-Gruppenführer und zwei Generäle und sie verließen eiligst den Hitler-Stand, um zu vermeiden, die Hand eines amerikanischen Goldmedaillensiegers und Negers zu berühren.'*[...]

Gegen das hartnäckige Gerücht, Hitler habe Owens den Handschlag verweigert, wurden verschiedene Einwände vorgebracht: Demnach habe Hitler tatsächlich Jesse Owens nicht persönlich gratuliert, aber an diesem Tag auch keinem anderen Athleten die Hand gereicht. Am ersten Tag der Spiele hatte er noch allen deutschen Athleten gratuliert, was ihm Ärger mit dem Olympischen Komitee einbrachte. Aus Gründen der olympischen Neutralität müsse er allen Athleten gratulieren oder keinem. Hitler entschied sich für Letzteres und gab von da an generell keinem Athleten mehr als Ausdruck der Anerkennung seiner Leistungen die Hand. [...]

Eine andere Version lautet, Hitler habe Owens die Hand gegeben, jedoch abseits der Pressefotografen. In den 1960er Jahren habe Owens mit einem Foto des Handschlags zwischen ihm und Hitler versucht, die Legende zu bekämpfen. Doch die Journalisten hätten die Veröffentlichung aus ideologischen Gründen verweigert:

"The predominating opinion in post-war Germany was that Hitler had ignored Owens. We therefore decided not to report on the photo. The consensus was that Hit-

88

ler had to continue to be painted in a bad light in relation to Owens."

„Die vorherrschende Meinung im Nachkriegsdeutschland war, dass Hitler Owens ignoriert habe. Wir entschieden daher, nicht über das Foto zu berichten. Der Konsens war, dass Hitler in Bezug zu Owens weiterhin in einem schlechten Licht gezeichnet werden musste.'

– Siegried Mischner ^(...)

[...]

2. Luz Long. Ein Wikipedia-Artikel.

[Abb. und Untertext ausgelassen, Anm. d. Verf.]

Carl Ludwig Hermann „Luz" Long (* 27. April 1913 in Leipzig; † 14. Juli 1943 in Biscari, Sizilien) war ein deutscher Leichtathlet, der in den 1930er-Jahren im Weitsprung erfolgreich war. Er war mehrfacher Deutscher Meister sowie Europarekordler und gewann bei den Olympischen Spielen 1936 in Berlin die Silbermedaille im Weitsprung.

[...]

Leben

Familiärer Hintergrund

Luz Long war der Sohn des Besitzers der Leipziger Schwanen-Apotheke Carl Hermann Long (1875–1945) und dessen Ehefrau Johanna Long (1885–1976), geborene Hesse, Tochter des Zahnarztes Friedrich Louis Hesse, Enkelin des Chirurgen Carl Thiersch und Urenkelin des Chemikers Justus von Liebig.

Luz Long war Großneffe von Adolf von Harnacks Ehefrau Amalie, geb. Thiersch, und auch Großneffe von Hans Delbrücks Ehefrau Carolina, geb. Thiersch. Luz Longs Urgroßvater Carl August Sebastian Long ist der erste Namensträger der Linie Long, ein Arzt in Friedland (Niederschlesien) und uneheliches Kind einer Prinzessin von Sagan.

Luz Long hatte vier Geschwister: Elfriede Lewicki geb. Long (1910–1986), Charlotte Long (1911–2010), Sebastian Long (1914–1966) und Heinrich Long (1920–1940).

Kindheit, Schul- und Studienzeit

Die Familie wohnte zunächst im Haus der Schwanen-Apotheke in der Reitzenhainer Straße 23, der heutigen Prager Straße. 1922 bezog die Familie das ausgebaute Sommerhaus der Familie auf der Russenstraße 24 in Probstheida als Dauerwohnsitz.

Long besuchte von 1919 bis 1923 die Bauersche Privatschule. 1923 trat er zum Nikolai-Gymnasium über, von wo aus er 1932 zum Friedrich-List-Realgymnasium wechselte. Im April 1934 legte er dort sein Abitur ab. Im Herbst des gleichen Jahres immatrikulierte er an der Juristenfakultät der Universität Leipzig. Dort legte Long im Januar 1938 sein Referendarexamen ab.

Long war seit 1937 Mitglied des NS-Studentenbundes. 1938 trat er der Sturmabteilung (SA) bei. In dieser paramilitärischen Organisation hatte er ab Juli 1937 den Rang eines SA-Rottenführers inne.

Seine Referendarzeit in den Jahren 1938/1939 verbrachte er am Amtsgericht in Zwenkau. Im Juni 1939 bestand Long sein Staatsexamen. Im Monat darauf wurde er promoviert mit dem Thema *Die Leitung und Aufsicht des Sports durch den Staat*.

Eine entwicklungsgeschichtliche Darstellung zum Doktor der Rechte (Dr. jur.). ⁽⁻⁾

[Abb. und Untertext ausgelassen, Anm. d. Verf.]

Beruf und Militärdienst

Long zog 1940 nach Hamburg, wo er am Arbeitsgericht tätig war. Am 1. April 1940 trat er unter der Mitgliedsnummer 8.051.702 der NSDAP bei.

Im März 1941 legte er das Notexamen zum Assessor ab. Einen Monat später wurde er zur Wehrmacht einberufen und nach Wismar versetzt. Im Mai 1941 folgte seine Vereidigung und im Juli 1941 die Versetzung nach Berlin, wo er bei der Wehrmacht die Tätigkeit als Sportlehrer ausübte.

Tod

[Abb. und Untertext ausgelassen, Anm. d. Verf.]

Im April 1943 erhielt Long in Deep in Pommern eine Schnellausbildung bei der Flakartillerie. Im Monat darauf befand er sich in einer Flakeinheit im Kriegseinsatz in Süditalien.

Long kamen offenkundig Zweifel am Sinn seines Einsatzes. Jesse Owens zitiert später aus einem Brief, den er zu Kriegszeiten von Long erhalten hatte: ‚Lieber Freund Jesse! ... Ich fürchte nur, für die falsche Sache zu sterben. Ich hoffe, dass meine Frau und mein Sohn überleben werden. Ich bitte dich als meinen einzigen Freund außerhalb Deutschlands, dass du sie eines Tages besuchen wirst, um ihnen zu sagen, warum ich dies tun musste und wie schön die Zeit war, die wir gemeinsam erlebten. Luz'.

Bei der Einnahme Siziliens [sic!] im Rahmen der alliierten Operation Husky [sic!] erhielt Long, der den Rang eines Obergefreiten hatte, während der Kämpfe um den Aeroporto di Biscari-Santo Pietro am 10. Juli 1943 einen Schuss in den Oberschenkel und musste beim deutschen Rückzug zurückgelassen werden.

Nach Angaben des Owens-Biografen Jeremy Schaap starb er infolge seiner Verletzungen am 14. Juli 1943 in britischer Kriegsgefangenschaft. [...] [...]

Sein Kamerad Robert Stadler (1924–2016) schildert in einer ARD-Sendung am 9. August 2015, er habe mit anderen Wehrmachtssoldaten auf der Flucht vor den Amerikanern den verwundeten Long stark am Schenkel blutend angetroffen und die Wunde nicht hinreichend abbinden können, so dass er – nach Stadlers fortgesetzter Flucht – höchstwahrscheinlich verblutet sei. [...] [...] [...] Er wurde zunächst von den Amerikanern in Gela beerdigt und 1961 [...] in die Deutsche Kriegsgräberstätte Motta Sant'Anastasia auf Sizilien umgebettet.

Sportliche Karriere

[Abb. und Untertext ausgelassen, Anm. d. Verf.]

Long errang am 4. August 1936 bei den Olympischen Spielen im Weitsprung die Silbermedaille hinter Jesse Owens.

Sicher überliefert ist, dass sich beide Sportler während des Wettkampfes anfreundeten. Nach der Siegerehrung gingen beide untergehakt, Hand in Hand, auf die Zuschauerränge zu.

Long, der am Ende mit 7,87 m Owens' 8,06 m unterlegen war, geriet dadurch in die Aufmerksamkeit der Presse. Weitere Aussagen von Owens, Long habe ihm nach zwei Fehlversuchen in der Qualifikation beim Weitsprung Tipps für den letzten Sprung gegeben, sind höchst umstritten.

Während Long kurz nach den Spielen ebenfalls von zwei Fehlversuchen bei Owens schreibt, ist in der Fachzeitschrift *Der Leichtathlet* vom 5. August 1936 zu lesen, beide Athleten hätten die geforderte Weite bereits beim zweiten Versuch erreicht.

1965 räumte Owens gegenüber Olympiahistoriker Tom Ecker in einem Interview zu seinen Aussagen über Long ein: ,Das sind Geschichten, die die Leute hören wollen'. (...) (...) (...)

Long blieb nach den Spielen 1936 für nahezu zwei Jahre bei sämtlichen Weitsprungwettbewerben, bei denen er antrat, ungeschlagen und stellte in dieser Zeit auch einen neuen Europarekord von 7,90 m auf, der bis 1956 Bestand haben sollte. [...]

Jesse Owens war im Übrigen unmittelbar im Anschluss an die Spiele in Berlin von seinem Verband der Amateurstatus aberkannt worden, sodass Owens und Long nie wieder gegeneinander antraten. [...] Luz Long startete während seiner gesamten Karriere für den Leipziger SC, wo er von Georg Richter trainiert wurde. In seiner Wettkampfzeit wog er 72 kg, bei einer Größe von 1,84 m.

Persönliches

Longs spätere Ehefrau Gisela, geborene Behrens, lernte er in Hamburg kennen. Sie verlobten sich am 22. März 1940 und heirateten am 4. Januar 1941. Aus der Ehe gingen zwei Kinder hervor. Der erste Sohn Kai-Heinrich Long (1941–2021), der 2015 eine Biografie (ISBN 978-3-942468-26-8) über seinen Vater [sic!] unter anderem mit privaten Aufzeichnungen und Fotos veröffentlicht hat, wurde am 13. November 1941 geboren; der zweite, Wolfgang Long, am 30. Mai 1943. Wolfgang Long starb noch im ersten Lebensjahr am 6. März 1944 in Leipzig.
[…]

Bibliografische Angaben für „Luz Long"	
Seitentitel:	Luz Long
Herausgeber:	Wikipedia – Die freie Enzyklopädie
Autor(en):	Wikipedia-Autoren, siehe Versionsgeschichte
Datum der letzten Bearbeitung:	18. Januar 2023, 03:0 UTC
Versions-ID der Seite:	229954250
Permanentlink:	https://de.wikipedia.org/w/index.php?title=Jesse_Owens&oldid=229954250
Datum des Abrufs:	30. Januar 2023, 18:05 UTC
Unterstreichungen:	Sind im Originaltext blau markiert, um Verlinkungen anzuzeigen. Diese Verlinkungen wurden ausgelassen.
Textinterne Fußnoten:	Werden ausgelassen und durch drei hochgestellte Punkte in runder Klammer als Auslassung gekennzeichnet: (...) Die sonst übliche eckige Klammer zur Kennzeichnung externer Veränderungen, wurde hier durch eine runde Klammern ersetzt, da sich im Originaltext bereits eckige Klammern befinden.

Teil II

1936

Die Olympischen Spiele

b. Luzens + Jesses
eigene Sicht der Dinge

1. „Mein Kampf mit Owens". Ein Artikel aus „Neue Leipziger Zeitung", 11. August 1936.

Mein schönster Traum seit ich in die Spitzengruppe der Welt gehörte, ist es stets gewesen, einen olympischen Sieg zu erringen; nicht um des bloßen Sieges willen, nein, nur um einmal der Welt zu zeigen, dass auch die Weißen springen können.

Ein Blick in die Liste der olympischen Sieger zeigt, dass USA seit 1806 den Weitsprung gepachtet hat. Nur 1920 gewann Patterson-Schweden mit 7,15 m. Den Weltrekord hielt Nambu-Japan, seit 1928, jetzt Jesse Owens mit 8,13 m. Wo blieben die Weißen, wo blieben wir Deutsche? Noch keine einzige Medaille in sämtlichen olympischen Weitsprung-Wettkämpfen! Sie war zu vernichtend, diese ernüchterne Statistik. Könnte ich diese trübe Statistik nicht verbessern?

Meine Vorbereitungen zu dieser schweren Arbeit waren auf lange Sicht eingestellt. Es hieß, nicht zu zeitig in Höchstform zu sein, bei den Spielen ganz ‚fit', vollständig ‚da zu sein', zweimal konnte ich Rekord springen, das letzte Mal zur Meisterschaft mit 7,82 Meter, fast hatte ich Angst schon zu weit zu sein. Trainiert hatte ich in Sonne, in Regen, bei Wolkenbruch, bei Gegenwind und Rückenwind, auf wiecher Bahn, auf harter Bahn, vormittags, nachmittags, um in keiner Lage überrascht zu werden.

Die letzte Woche vor dem Kampf: die Hauptsache war schon am Vormittag zur Qualifikation voll sprungfähig zu sein. Deswegen trainierten wir, mein unermüdlicher, immer trostbringender Sportlehrer Georg Richter und ich, schon morgens 9:30 Uhr. Dabei galt es, mit jedem der drei Sprünge über die 7-Meter-Marke zu kommen, was die Qualifikationsgrenze bedeutete. Es mag unwahrscheinlich klingen, aber am Montag und Mittwoch erreichte ich sie zweimal nicht. Der weiteste Sprung überhaupt lag in dieser Woche bei 7,30 m. Schöne Aussichten! Ich war schon deprimiert. Georg Richter dagegen hocherfreut, er weiß es immer besser und behielt auch hier wieder Recht.

**Es ist Samstag, der 1. August 1936 –
Eröffnung im Olympia-Stadion.**

Der Aufmarsch am Sonnabend im Stadion war ermüdend, kaputt kam ich abends nach Leipzig. Ja, nach Leipzig! Hier blieb ich über Sonntag in gewohnter Ruhe und Umgebung. Fuhr erst Montag nach Berlin, um in einem weit entfernten stillen Heim die letzte Nacht zu verbringen.

Komisch, ich hatte eine so abgeklärte Ruhe, schlief, musste mich früh wecken lassen, so ruhig war ich. Favorit war ich nicht, keine deutsche Zeitung hatte mir die schwerlastende Favoritenstellung eingeräumt. Ich ging als einer von Vielen auf die Jagd nach dem Medaillen.

Der Kampf geht los – Dienstag, den 4. August 1936 um 10.30 Uhr Qualifikation mit 45 Teilnehmern – Qualifikations-Marke auf 7,15 Meter erhöht!

Das war das erste, was ich im Stadion erfuhr. Nur eine Stunde bis zum Start noch, also ist die Überraschung noch zu verdauen.

Ich treffe Bäumle und Leichum, ersteren in großer Siegerstimmung, letzteren in schweigsamer, etwas zu konzentrierter Verfassung. Ich habe Angst um Leichum. Zur Qualifikation muss er als einziger Deutscher allein auf der anderen Bahn springen, kommt aber schon mit dem ersten Sprung zurecht, ich erst mit dem zweiten, der erste war übergetreten.

Owens tritt an. Eben die 200-Meter-Vorläufe hinter sich, so kommt er zum Weitsprung nach, misst kurz die Bahn aus, stellt sich etwas nachlässig an seinen Start, läuft im Trainingsanzug - - - durch. Armer Jesse weißt du nicht, dass es keinen Probesprung gibt?

Das fabelhaft exakt arbeitende Kampfgericht ist nicht zu erbarmen. Erster Sprung ist erledigt. Etwas verbittert folgt der zweite von Jesse Owens - - - übergetreten! - ! Ich wage kaum zu denken, sollte es die Sensation geben und Owens herausfliegen nach missglücktem dritten Sprung? Nein! So schlecht sind Owen's Nerven nicht. Sicher springt er ungefähr 7,60 Meter.

Nun weiß ich, es gibt einen bitteren Kampf am Nachmittag. Tajima, der einzige Olympiaplatzierte von 1932 hat sich auch qualifiziert.

Nun ist die Lage klar für den Vorkampf am Nachmittag. Ich bin noch ruhiger geworden, hatte einen Sprung von 7,50 Meter mit Leichtigkeit gemacht, also durchaus „fit". Schnell und unerkannt komme ich aus dem Stadion in die erwählte Einsamkeit, dann wurde gebadet, etwas leichte Kost genommen und schon schlief ich wieder.

16.30 Uhr - der Vorkampf des Weitsprungs beginnt mit 16 Teilnehmern

Als große Gegner dachte ich an Owens mit seinen 8,13 Meter, an Clark 7,90 m, Brooks 7,75 m und an Leichum 7,76 m. Von Tajima wusste ich keine Ergebnisse, doch ist der gut für 7,75 m.

Eigenartigerweise rechnete ich schon mit Maffay Italien, der mit seinem Temperament im entscheidenden Augenblick immer über sich hinauswächst. Das Glück will es, dass ich fast als letzter Springer ausgelost bin. So weiß ich bei jedem Durchgang, wie ich springen muss, um günstig zu liegen.

Mein einziger Gedanke ist: Mithalten, mithalten mit Jesse Owens, nur an Jessie bleiben, ihn nicht fortlassen und Achtung auf Tajima. Er ist immer in den ersten Sprüngen seine größte Weite gesprungen! Mit 7,87 m ist Owens im zweiten Durchgang weit vorn. Clark verdrängt mich auf den dritten Platz mit

7,65 m, aber ich komme schon wieder mit 7,74 m. Gefährlich ist auch Tajima mit 7,65 m. Aber - was ist mit Leichum? Bisher galt meine Konzentration nur mir, Leichum weiß ich bei seinem Kameraden Bäumle gut aufgehoben. Zweimal tritt er über.

Nein, jetzt muss ich hin. Ich bin ja sowieso im Endkampf.

Ruhig, ruhig, Wilhelm, denk an Turin und die Europa-Meisterschaft, da hast du auch zwei Sprünge übergetreten und hast dann sogar gewonnen. Noch einen ganz ruhigen, schönen technischen Sprung an 7,50 Meter, das wird schon genügend. Es ist die heikelste Lage des Vorkampfes.

Kommt Leichum in den Endkampf? Der sechste Mann ist Brooks, der zweite USA-Neger mit 7,41 Meter. Maffay ist mit seiner eigenen Höchstleistung von 7,50 Meter Fünfter.

Dritter Vorkampfsprung, so wie ich Leichum beruhige, tut es Owens mit Brooks. Nun geht Owens noch weiter.

Er, der liebe, unkomplizierte Junge, geht sogar zu Bäumle, den er massiert (nicht mich, denn ich lasse mich im Endkampf nicht massieren), bekommt dafür Sonderapplaus vom sportverständigen Publikum.

Also sogar diese Friedensgeste im heißesten Kampf! Dann geht's los!

Bäumle fliegt das Erster heraus: 7,32 m reichen nicht mehr. Maffei, den ich für sehr stark hielt, kommt auf 7,73 Meter, glaubt es erst kaum, springt dann begeistert in die Höhe! Ich übersetze dauernd den Amerikanern und Japanern die Ergebnisse von Metern in „Fuß und Zoll" (die englischen Maßstäbe). Dann Leichum! Noch ein letztes Beruhigungswort, das Stadion mit 100 000 Menschen schweigt.

Die Deutschen wissen, worum es geht Leichum darf nicht herausfallen. Er springt auf Sicherheit mit gewaltiger Kraft, weit vor dem Balken ab, wie weit? Bange Sekunden, dann ... 7,52 Meter.

Also vorläufig auf dem sechsten Platz: Ich bin beruhigt, setze mich in Bewegung, lasse alle springen, sehe nicht hin. Brooks wird es nicht schaffen, er hat keine Nerven. Ich höre nur Brooks ungültig, damit ist Leichum im Endkampf!

Jetzt komme ich an die Reihe; wieder nur in Gedanken, locker und weit, leicht und nicht so schnell: Länge für den Flug! Wieder schweigt das Stadion, wieder steht ein Deutscher im Kampf.

Der Weitsprung interessiert schon lange die Masse, man wittert eine Sensation, Sensation, die das Publikum haben will.

Ich bekomme durch Sprechchöre letzte Sprunganweisungen. Muss lachen, fühle mich freudig und leichte, freue mich, dass die deutschen Zuschauer auch rufen und dichten können. Kurze Konzentration, der Gegenwind ist gerade weg, also los.

Schön über die Marke, langer Absprung, ich fliege lang, ich fühle es, lande und schon bricht das Geschrei der Nachstürzenden los. Sie können vergleichen, gut vergleichen.

Das Maß ergibt 7,84 m. Hallo, großes Hallo im Stadion, als das Mikrofon die Leistung meldet. Jesse kommt gelaufen, gratuliert, lässt sich die Weite übersetzen. Dann wird es wieder still. Tajima springt, der kleine, sympathische Japaner, der so gefährlich sein kann, der mich in Budapest 1935 schlug, der akademischer Weltmeister wurde.

Tajima verbessert auf 7,47 m. Der Vorkampf ist zu Ende.

Jetzt geht es erstmal das Fotografieren los, es entsteht das bekannte liegende Bild von Owens und mir, es entsteht die Gratulation von Leni Riefenstahl, es entstehen viele andere Aufnahmen.

17:45 Uhr - der Endkampf der letzten 6 Springer beginnt vor der Ehrentribüne und die ganze Nation soll teilnehmen.

Wir packen unsere Marken zusammen und wechseln hinüber zur Zielgeraden. Mit dicken Wolldecken und langen Regenmänteln versehen, ziehen wir 6 Endkampfteilnehmer ein, der starke Wind kühlt

die Muskeln aus und vermindert die Reaktionsgeschwindigkeit. Es wird spannend beim Endkampf.

Ein Blick zum Führer, er sitzt gespannt, ist ganz im
Banne dieses Kampfes, es geht um Deutschland,
es geht um den Kampf ‚Weiß', ‚Schwarz' und ‚Gelb',
soweit ist alles klar!

Ein widerlicher Wind macht sich auf, kalt heult er
zum Nordtor herein, wirbelt das rote Ziegelmehl
hoch in die Luft, lässt sämtliche Decken, leichte
Marken, Mützen und Hüte in die Weite fliegen. Es
ist beängstigend.

Wir kommen unter die Führerloge, sie ist voll be-
setzt. Man ist auch hier voll der Spannung, man
erwartet etwas von den Deutschen. Wir messen
neu aus, legen Marken, die wieder weg fliegen. Einer hilft dem anderen. Ein banges Gefühl über-
kommt mich, ob ich bei dieser Kälte mich verbessern kann? Aber dann ist schon alles wieder vergessen.

Der Kampf zieht uns in seinen Bann. Wir springen
in folgender Reihenfolge nach dem Vorkampfergeb-
nissen: 1. Leichum 7,52 m, 2. Clark 7,60 m, 3.
Maffei 7,73 m, 4. Tajima 7,74 m, 5. Long 7,84 m, 6.
Owens 7,87 m.

Von diesen letzten Sechs sind fünf Studenten, nur
Leichum ist Soldat. Im ersten Durchgang springt
verständlicherweise alles schlechter als beim Vorkampf. Meine 7,52 Meter stellen mich zufrieden.

Owens läuft an, tritt über, ungültig. Noch ist der Kampf nicht entschieden, das Stadion fiebert in hellster Aufregung. Leichum springt - nur 7.25 Meter.

So eröffnet er den zweiten Durchgang. Clark verbessert sich auf 7,67 Meter. Leichum, jetzt ist es verdammt schwer, noch nach vorn zu kommen. Maffei schafft ‚nur' 7,42 m. Tajima bewältigt 7,60 m.

So, jetzt wird es ernst. Meine stärkste Waffe ist stets mein fünfter Sprung. Mit ihm gewann ich schon als Schüler die Deutsche Meisterschaft 1933, mit ihm siegte ich bei den Kampfspielen 1934, mit ihm holte ich 1935, in neuem Hochschulrekord von 7,65 m, die Hochschulmeisterschaft von Deutschland, er genügte zur diesjährigen Meisterschaft, wenn dann auch noch der Rekord hinterher bröckelte.

Wieder Konzentration, wieder Ruhe, diese unheimliche Ruhe im Stadion, die mehr erschreckt, als das Rasen und Toben der Massen. Orkan von vorn, die Marken fliegen fast weg, jetzt Windstille, jetzt weg, dann kommt der Rückenwind, gerade am Balken!

Wieder mein schöner, glücklicher Absprung, oben bleiben, tragen, fliegen, fliegen, nur das bewegt mich in der Zehntelsekunde des Flugs, schon bin ich in der Grube, nur nach vorn, nur nicht zuviel, nur nicht zurückfallen.

Rasender Beifall. Ich muss wieder gut gesprungen sein! Ergebnis: 7,87 Meter - eine große Freude herrscht bei den deutschen Athleten. Ein Blick ins Publikum, das sich nicht beruhigen will, dann ein Blick zur Führerloge, wie? Die ganze Loge ist in Aufruhr, der Führer klatscht begeistert, daneben Minister Dr. Frick, Reichssportführer von Tschammer und Osten. Ich stelle mich dankend grüßend unter meinen Führer. Und ich glaube es kaum, er erhebt sich, grüßt mit seinem gütigen, väterlichen Lächeln zu mir herab. in seinem Auge liegt der einzige Wunsch, dass ich siegen möchte.

Ja ich weiß es, ich will alles tun, springen, was ich kann. 7,87 Meter ist meine eigene Bestleistung und gleichzeitig Europarekord. Aber ich will weiter kämpfen. Owens springt wieder diesen Sprinter- sprung, flach, ganz flach und schnell, der Sprung, der von hinten nach nichts aussieht und der doch 7,94 Meter weit ist. Ist es fassbar. Bei diesem Wet- ter?

Ja, er hat es gesprungen. Nochmals geht der Kampf los. Alles andere ist vergessen. Menschen, Regen, Wind, Kälte - nur eines gilt, der letzte Durch- gang. Leichum, bravo 7,73 Meter. Jetzt ist er mit Maffei gleich. Maffei und Clark springen jetzt schwä- cher. Tajima läuft durch, also ist für mich der zweite Platz sicher. Zufrieden? Noch nicht, ich kann und will gewinnen. Letzte Konzentration.

Ich setze alles hinein, laufe sogar scharf, so wie es immer die Besserwisser von mir wollten - vielleicht kann ich doch einmal diese rasende Fahrt in den Sprung einsetzen, Balken gut, hoch hinaus - nein,

nein, nein, ich falle nach vorn, kann nicht tragen, laufe nach 6,5 Meter durch die Grube. Der Sieg ist weg. Also Zweiter für all diese Mühe.

Die Menge seufzt hörbar, Sportlerschicksal. Dann nochmals Owens, der ja gewonnen hat. Frei von Konkurrenzangst springt er, fliegt und landet unter Jubelschrei der Menge bei 8,06 Meter. Diese fast märchenhafte Weite bei diesem Wetter. Ich kann nicht anders, ich laufe zu ihm, bin der Erste, der ihn beglückwünscht, umarmt.

Er antwortete mir: 'You forced me, to give my best!' Es ist für mich die höchste Anerkennung eines Sportmannes, in zum Äußersten gezwungen zu haben.

Bei der Weitsprung-Zeremonie steigt, zum ersten Male seit 1896, in einem Olympischen Stadion, die deutsche Flagge auf, oben das Sternenbanner und links der Sonnenball Japans.

Der Kampf der Farben ist beendet. Schwarz war der Beste, einwandfrei der Beste mit 19 cm vor ‚Weiß', und Weiß wieder 13 Zentimeter vor Gelb. Die drei Studenten der drei verschiedenen Farben stehen auf dem Sockel, die Hymne der USA ertönt, diesmal ist Weiß schon vor Gelb, das nach 1935 vor Weiß in Front endete.

Wird Weiß beim nächsten Mal auch vor Schwarz liegen? Der große Augenblick, der Empfang durch den Führer, wird für mich der schöne und würdigste Abschluss.

Mich bewegt in diesem Augenblick nur ein Wunsch, meinem Sportlehrer Georg Richter zu danken, ihm, der die ganze Zeit neben mir am Rande saß und mir die letzten Ratschläge gab.

Bibliografische Angaben für „Mein Kampf mit Owens"	
Zeitschrift::	Neue Leipziger Zeitung.
Herausgeber (Verlag):	Nicht ermittelbar (kein Rechtsnachfolger).
Artikel erschienen:	11. August 1936. S. 11 ff.
Erscheinungs- verlauf der Zeit- schrift:	20.09.1921 – 31.12.1940.
Periodik:	täglich
Einsehbar:	Deutsche Nationalbibliothek Leipzig. [SAX, DE-101a], Signatur ZE 244.], der dortige Abruf bzw. die Einsicht- nahme sind inzwischen gesperrt.
Datenkennzeich- nung aus:	ZDB-ID 1005077-2
Lizenzstatus:	Gemeinfrei, wbW.
Anmerkung zu Rechtschreibung:	Die Rechtschreibung des Originalarti- kel wurde der aktuell herrschenden Rechtschreibnorm angepasst, um den Lesefluss zu verbessern.

2. „Mein Freund Luz". Eine Autofiktion.

Ich war schon zu Hause in Ohio arg nervös, als ich hörte, ich sei für die Olympischen Spiele in Berlin, Deutschland, vorgesehen.

Das, was ich von Deutschland hörte, war nicht gerade vertrauenerweckend, da sollte es irgendwelche Lager geben, in denen regimefeindliche Menschen inhaftiert seien, man sprach auch von Judenlagern. Aber ich wusste nichts Genaues.

Da ich Diskriminierung von meinem Heimatland her kannte, weil ich farbig bin, konnte ich mir ein solches Szenario einigermaßen gut vorstellen, aber eigentlich waren diese inneren Bilder noch recht diffus. Mein Trainer Snyder hatte mir nur soviel gesagt, dass unser Nationales Olympiakomitee dafür gesorgt hatte, dass Diskriminierungen, uns Schwarzen gegenüber, unterbleiben würden. Hitler hatte dem wohl zugestimmt, weil er ja unbedingt die Spiele im eigenen Land austragen lassen wollte.

Dies tat er wohl nicht deshalb, weil er etwa sportbegeistert war, sondern weil er das Bild seines Landes in der Welt verbessern bzw. überhaupt erst errichten wollte.

Aber ich wusste viel zu wenig von den wirklichen Geschehnissen in diesem, mir äußerst unbekannten Land, außer, dass es Schuld am großen Krieg hatte.

Gleichzeitig hingen mir aber unsere eigenen, politisch aktiven schwarzen Leute im Nacken, sie verlangten von mir, ich sollte ein Zeichen setzen und als Farbiger gegen die Diskriminierung im eigenen Land protestieren und nicht in ein Land zu reisen, dass genau das ebenso tat.

Zunächst war ich der gleichen Meinung, aber mein Innerstes sträubte sich erheblich, bei der Vorstellung, ich würde diese einmalige Chance einer Teilnahme an Olympischen Spielen, einfach so den Bach hinunter schicken.

Da unser NOC-Vorsitzender, Herr Averange, dafür gesorgt hatte, dass sich Hitlerdeutschland dazu verpflichtete, Diskriminierungen jedweder Art zu unterlassen, gab ich mir am Ende einen Ruck und entscheid, doch teilzunehmen.

Auf der Schiffspassage kam ich dann etwas zur Ruhe und konnte die anderen amerikanischen Mitstreiter besser kennenlernen. Wir waren nur drei Schwarze im US-Weitsprungteam, unsere weißen Kollegen waren jedoch alle, durch die Bank, freundlich und respektvoll zu uns. Im Grunde war ich es gewöhnt, immer intuitiv und insgeheim „alert", also auf der Hut zu sein. Jeden Augenblick konnte aus irgendeiner Richtung eine Attacke aus dem Nichts entstehen, aber dies blieb hier aus.

So war ich schon gespannt, wie sich das in Deutschland zeigen würde oder ob überhaupt. Eigentlich konnte ich es mir auch nicht ausmalen, denn die

Deutschen waren doch angeblich so korrekte, pünktliche und gebildete Leute?! Schließlich sagte man, sie seien ein Volk der Dichter und Denker!

Ich wusste allerdings, es würde wenig Gelegenheit geben, das Land näher kennenzulernen, denn wir alle hatten ein engmaschiges Terminkorsett, Training, Training und noch mal Training. So lebten wir in einer Art Blase, in der sowieso alles anders war, als „draußen".

Noch in den USA hatte ich mit meinem Trainer sogar Streit gehabt, weil er mir Vorwürfe machte, dass ich zunächst nicht nach Deutschland fahren wollte. Er hatte mir große Dummheit vorgeworfen und heute muss ich sagen, er hatte natürlich, wie immer, Recht gehabt.

In Bezug auf den Rassismus und Antisemitismus, die es angeblich dort geben sollte, konnte ich eh nichts zu sagen, weil ich ihn nicht selbst erleben musste.

Als ich später dann im August 1936 meine Wettkämpfe bestritt, wurde ich zum Publikumsliebling der Deutschen und wer käme dabei auf die Idee, die Deutschen als Rassisten einzustufen? Ich zumindest, glaubte es damals nicht wirklich.

Insbesondere, als ich mit Luz um den Sieg rang, war die Begeisterung für mich groß. Das Publikum tobte, bei allem, was ich machte, auch wenn es nichts mit dem unmittelbaren Sportkampf zu tun hatte. Und das war der eigentliche Grund, warum ich dachte, dass das, was über Hitler gesagt worden war, zumindest maßlos übertrieben sein musste.

So war ich eigentlich besonders scharf darauf, von ihm nach meinem Olympiasieg beglückwünscht zu werden, aber, als ich mit der Sekretärin[10] auf die Führerloge zuging, sahen wir, dass „der Führer" und seine Leute gerade aufstanden und das Stadion verlassen wollten. Dass das mit mir zu tun haben könnte, kam mir dabei nicht in den Sinn. Im Gegenteil, ich hatte eh das Gefühl gehabt, er habe mir von der Tribüne herab zugewunken, als ich die Goldmedaille gewonnen hatte. Vielleicht hatte er aber auch gerade seinen andauernd gezeigten Führergruß praktiziert, ich weiß es nicht wirklich genau.

Später wurde oft gesagt, er hätte sich lieber selbst erschossen, als einem Farbigen (er hätte dabei sicher ein anderes Wort benutzt) zuzuwinken oder sogar die Hand zu reichen. Mir war das letztendlich total egal, denn ich war schließlich nun ein Star und fast unangreifbar (dachte ich damals).

Das Besondere an meiner Zeit bei Olympia war aber das völlig unerwartete Verhalten meines ärgsten Konkurrenten Luz Long. Luz hatte bereits eine beachtliche Karriere hingelegt, das erfuhr ich im Rahmen meines Trainings von meinem Couch, der mich zu allen Einzelheiten beraten hatte.

---

[10] ... *des Nationalen Olympischen Komitees Deutschlands, Valerie von Poson*, siehe auch Wikipedia-Artikel „Jesse Owens".

Und als ich diesen hoch aufragenden deutschen Hünen zum ersten Mal sah, kam ich mir besonders mickrig dagegen vor. Er entsprach dem Klischeebild eines „arischen" Menschen, er hatte blondes Haar und blaue Augen und wirkte in seiner etwas schlaksigen Art, wie ein hochgewachsener Riese. Ich mochte ihn vom ersten Moment an, hätte aber nie für möglich gehalten, das er das tat, was er während unseres Finales tun würde.

Er war wie ein Bruder, er gratulierte mir, umarmte mich, weil er sich ehrlich für mich freute und gleichzeitig half er mir, als er merkte, dass ich zweimal übertrat. Er zeigte mir, dass ich mich einfach besser auf eine Linie vor dem weißen Absprungbrett einjustieren sollte. Er nahm plötzlich, in einer Pause, sein weißes Trainingshandtuch in die Hand, formte es zu einer Wurst und legte es ein paar Zentimeter vor die weiße Brettlinie.

Und tatsächlich, dieser psychologische Kniff half mir, mich auf die richtige Absprungentfernung einzuschießen und – ich gewann tatsächlich. Keiner freute sich mehr über meinen Erfolg, als er.

Dieses Verhalten war für mich so ungewöhnlich und unerwartet, dass sich sofort mein Herz für Luz öffnete. Ich wäre für ihn durchs Feuer gegangen, wenn es nötig gewesen wäre. Ich sagte ihm, er habe mich dazu gebracht, all meine Sinne zu fokussieren und mein Bestes zu geben und er antwortete, dass er das von mir auch nicht anders erwartet hätte. Dass er am Ende nur Silber gewann und sein deutsches Publikum enttäuschte, schien ihn nicht im Geringsten zu stören.

Ich hatte das Gefühl, er war ein großer Menschenfreund und es ging ihm um Freundschaft, Kooperation und Zusammenhalt, weniger um den plakativen Sieg.

Letztlich blieb er dadurch weltweit in Erinnerung. Hätte er gesiegt, wäre er auch für alle Zeiten Goldmedaillengewinner gewesen, aber er entschied sich dafür, Sieger der Herzen zu werden! Ich bin mir sicher, man spricht noch in hundert Jahren von diesem Jungen, meinem Freund Luz.

Ich empfand plötzlich ein Gefühl von Liebe, nicht die der erotischen oder partnerschaftlichen Art, nein, es war reine Liebe zu einem eigentlich völlig Fremden, einem von den „anderen", einem Weißen und dazu noch einem scheinbaren Nazi obendrein.

Als wir gemeinsam auf dem Siegertreppchen standen, auf dem ich ganz oben und Luz (von mir aus gesehen) links neben mir stand (rechts stand Tajima auf Position 3 = Bronze), da sah ich aus den Augenwinkeln, dass er stolz seinen rechten Arm weit nach vorne reckte und seinem Führer und Volk die Ehre erwies.

Ich grüßte den militärischen Gruß, der sich bei uns US-Sportlern als Ehrenbezeugung vor unserer Fahne eingebürgert hatte.

Tajima stand kerzengerade und hatte beide Arme, wie ein Polizist bei der Verkehrsregelung, straff am Körper angelegt. Es gab keinen Handgruß.

Da alle deutschen Sportler diesen Hitlergruß verwendeten, ging ich davon aus, dass sie es so machen mussten. Und als ich Luz später in den Katakomben fragte, bestätigte er das.

„Mir fehlt dazu dann doch der Mut, wie Tajima, nichts zu tun. Ich denke, ich habe genug provoziert für heute. Ich hoffe, dass das alles noch gut geht. Schließlich habe ich eine „schmutzige" Negerhand berührt, als ich dir gratulierte!" Er lachte laut auf, um mir zu zeigen, dass er das witzig meinte, obwohl die Sache selbst natürlich überhaupt nicht lustig war.

Aber ich verstand, was er meinte und, was hinzukam, ich fühlte es. Dieser junge „Arier" war mir bereits so vertraut, dass ich ihm alles geglaubt hätte. Ich dachte einen Moment lang, wie seltsam, noch meinem Sportlerraum hatte ich meinem Personal Assistent Oskar einen mächtigen Korb gegeben, als er mir eröffnete, dass er sich in mich verliebt hätte und nun fing ich selbst an, Gefühle für einen Mann zu entwickeln.

Aber dieses Gefühl war anders, als, das, was ich bei Frauen kannte, es war reiner und, meine Mutter würde sagen, unbefleckt. Es war eine Liebe ohne die Niederungen von Sexualität und Begierde, sie war gottgegeben und ich fühlte zum ersten Mal im Leben Glück, bei der Betrachtung eines Mannes.

Diese wenigen Stunden voller Aufregung, Erregung und Anspannung waren die intensivsten Stunden meines jungen Lebens. Und deshalb spüre ich noch immer jede Sekunde nach, sie ist wie abgespeichert in meiner Seele und Luz Long war der Mittelpunkt dieses paradiesischen Zustands.

Wir waren in diesen Momenten die Nummer eins und zwei der Welt, das alleine verband uns für die Ewigkeit.

Teil II

1936

Die Olympischen Spiele

c. Wettkampftermine und Siege

b. Wettkampftermine und Siege. Exzerpt eines Wikipedia-Artikels.

Grundlage d. Darstellungen: Olympia - Fest der Völker v. L. Riefenstahl (s. Literatur- + Medienhinweise)

Disziplin	Datum	real	Zeitachse Film ca.	Teilnehmer	Sieger	S=Sek W=Weite	Wertung
100 m Aussscheidungsläufe	02.08.1936	11:29	42:47 - 43:40		Owens USA	10,4	Olym. Rekord
100 m Aussscheidungsläufe	02.08.1936	11:29	43:50 (Fehlstart) /44:23 - 44:49	Borschmeyer D McPhee CANADA Berger AUSTRIA Sweeny GB	Borgmeier D	10,5	
100 m Zwischenläufe	02.08.1936	15:04	44:50 - 45:44		Owens USA	10,2	ungültig/ Rückenwind
100 m Finale	03.08.1936	17:00	45:52 - 45:	Borchmeyer D Wykoff USA Owens USA Strandberg SWE Osendarp NL Metcalfe USA	Owens USA	10,3	Owens: Gold
Weitsprung im Film verfälschend aus Halbfinale + Finale zusammen- geschnitten	04.08.1936	17:45	01:03:57 - 1:06:24	Luz Long D: 1. Sprung: 7:54 m 2. Sprung: 7:84 m 3. Sprung: 7:87 m Jesse Owens USA: 1. Sprung: 7:74 m 2. Sprung: 7:87 m 3. Sprung: 8:06 m	Owens USA	8,06	Lutz Long D: Europarekord Jesse Owens: Gold
Weitsprung Halbfinale reale Ergebniswerte	04.08.1936	16:30		Luz Long D: 1. Sprung: 7:54 m 2. Sprung: 7:74 m 3. Sprung: 7:84 m 4. Gesamt: 7,84 m Jesse Owens USA: 1. Sprung: 7:74 m 2. Sprung: 7:87 m 3. Sprung: 7:75 m 4. Gesamt: 7:87 m	Owens USA	8,06	kein olym. Rek. wg. Rückenw.
Weitsprung Finale reale Ergebniswerte	04.08.1936	17:45		Luz Long D: 1. Sprung: 7,73 m 2. Sprung: 7:87 m 3. Sprung: X 4. Gesamt: 7,87 m Jesse Owens USA: 1. Sprung: X 2. Sprung: 7:94 m 3. Sprung: 8:06 m 4. Gesamt: 8:06 m	Owens USA	8,06	Jesse Owens: kein olym. Rekord Gold

Bibliografische Angaben für „Jesse Owens"(Exzerpt)	
Seitentitel:	Jesse Owens
Herausgeber:	Wikipedia – Die freie Enzyklopädie
Autor(en):	Wikipedia-Autoren, siehe Versionsgeschichte
Datum der letzten Bearbeitung:	18. Januar 2023, 03:0 UTC
Versions-ID der Seite:	229954250
Permanentlink:	https://de.wikipedia.org/w/index.php?title=Jesse_Owens&oldid=229954250
Datum des Abrufs:	30. Januar 2023, 18:05 UTC
Unterstreichungen:	Sind im Originaltext blau markiert, um Verlinkungen anzuzeigen. Diese Verlinkungen wurden ausgelassen.
Textinterne Fußnoten:	Werden ausgelassen und durch drei hochgestellte Punkte in runder Klammer als Auslassung gekennzeichnet: (...) Die sonst übliche eckige Klammer zur Kennzeichnung externer Veränderungen, wurde hier durch eine runde Klammern ersetzt, da sich im Originaltext bereits eckige Klammern befinden.

Teil II

1936

Die Olympischen Spiele

d. Wettkampfergebnisse
Weitsprung

d. Die Wettkampfergebnisse Weitsprung (alle Quellenangaben am Ende des Kapitels)

HALBFINALE, 04.08.1936, um 16:30 Uhr (blau unterlegt = Finalisten)
Von "Der Leichtathlet" bestätigte bzw. erwähnte Zahlen = grün unterlegt

Platz	Name	Nation	1. Versuch	2. Versuch	3. Versuch	Resultat	Anmerkung
1	Jesse Owens	USA	7,74 m	7,87 m	7,75 m	7,87 m	wegen zu starken Rückenwinds keine Anerkennung alsQR
2	Luz Long	Deutsches Reich	7,54 m	7,74 m	7,84 m	7,84 m	
3	Tajima Naoto	Japan	7,65 m	x	7,74 m	7,74 m	
4	Arturo Maffei	Königreich Italien	7,50 m	7,47 m	7,73 m	7,73 m	
5	Bob Clark	USA	x	7,60 m	7,54 m	7,60 m	
6	Wilhelm Leichum	Deutsches Reich	x	7,52 m	7,52 m	7,52 m	
7	John Brooks	USA	7,34 m X	7,41 m	7,19 m	7,41 m	X "Der Leichtathlet" schreibt hier: 7,32
8	Robert Paul	Frankreich	7,34 m	6,93 m	7,08 m	7,34 m	
9	Artur Bäumle	Deutsches Reich	7,32 m	7,21 m	7,13 m	7,32 m	
10	Otto Berg	Norwegen	7,30 m	x	6,95 m	7,30 m	
	Åke Stenqvist	Schweden	7,30 m	7,13 m	6,68 m		
12	Gianni Caldana	Königreich Italien	7,26 m	7,16 m	7,26 m	7,26 m	
13	Josef Vosolsobě	Tschechoslowakei	x	7,03 m	7,18 m	7,18 m	
14	Sam Richardson	Kanada	7,13 m	x	x	7,13 m	
15	Márcio de Oliveira	Brasilien	x	6,81 m	7,05 m	7,05 m	
16	Togami Kenshi	Japan	6,18 m	x	x	6,18 m	

FINALE, 04.08.1936, um 17:45 Uhr (farbig unterlegt = Die ersten drei Gewinner, Gold, Silber, Bronze)

a. Zahlen aus Wikipedia

Platz	Name	Nation	Halbfinale	1. Versuch	2. Versuch	3. Versuch	Endresultat
1	Jesse Owens	USA	7,87 m	x	7,94 m	8,06 m	8,06 m
2	Luz Long	Deutsches Reich	7,74 m	7,73 m	7,87 m	x	7,87 m
3	Tajima Naoto	Japan	7,74 m	7,52 m	7,60 m	x	7,74 m
4	Wilhelm Leichum	Deutsches Reich	7,52 m	7,38 m	7,25 m	7,73 m	7,73 m
	Arturo Maffei	Königreich Italien	7,73 m	7,22 m	7,42 m	7,39 m	
6	Bob Clark	USA	7,60 m	7,60 m	7,67 m	7,57 m	7,67 m
7	John Brooks	USA	7,41 m	nicht im Finale			7,41 m
8	Robert Paul	Frankreich	7,34 m	nicht im Finale			7,34 m

b. Zahlen aus "Der Leichtathlet" vom 4.8.1933. S. 4 + 5

Platz	Name	Nation		1. Versuch	2. Vers.	3. Vers.	Endresultat
1	Jesse Owens	USA		x	7,94 m	8,06 m	8,06 m
2	Luz Long	Deutsches Reich		7,73 m	7,87 m	x	7,87 m
3	Tajima Naoto	Japan		7,52 m	7,60 m	x	7,74 m
4	Wilhelm Leichum	Deutsches Reich		7,38 m	7,25 m	7,73 m	7,73 m
	Arturo Maffei	Königreich Italien		7,22 m	7,42 m	7,39 m	
6	Bob Clark	USA		7,60 m	7,67 m	7,57 m	7,67 m
7	John Brooks	USA		nicht im Finale			7,41 m
8	Robert Paul	Frankreich		nicht im Finale			7,34 m

c. Zahlen aus Kai-Heinrich Longs Buch, S. 247 oben
Von a. + b. differierende Zahlen = rot unterlegt

Platz	Name	Nation		1. Versuch	2. Vers.	3. Vers.	Endresultat
1	Jesse Owens	USA		x	7,94 m	8,06 m	8,06 m
2	Luz Long	Deutsches Reich		7,52 m	7,87 m	x	7,87 m
3	Tajima Naoto	Japan		7,52 m	7,60 m	x	7,74 m
4	Wilhelm Leichum	Deutsches Reich		7,38 m	7,25 m	7,73 m	7,73 m
	Arturo Maffei	Königreich Italien		7,22 m	7,42 m	7,39 m	
6	Bob Clark	USA		7,60 m	7,67 m	7,57 m	7,67 m
7	John Brooks	USA		nicht im Finale			7,41 m
8	Robert Paul	Frankreich		nicht im Finale			7,34 m

Bibliografische Angaben für „Olympische Sommerspiele 1936/Leichtathletik – Weitsprung".

Seitentitel:	Olympische Sommerspiele 1936/Leichtathletik – Weitsprung.
Herausgeber:	Wikipedia – Die freie Enzyklopädie
Autor(en):	Wikipedia-Autoren, siehe Versionsgeschichte
Datum der letzten Bearbeitung:	04. Dezember 2021, 17:34 UTC
Versions-ID der Seite:	217886648
Permanentlink:	de.wikipedia.org/wiki/Olympische_Sommerspiel e_1936/Leichtathletik_–_Weitsprung_(Männer)
Datum des Abrufs:	08. Februar 2023, 11:45 UTC
Unterstreichungen:	Sind im Originaltext blau markiert, um Verlinkungen anzuzeigen. Diese Verlinkungen wurden ausgelassen.

Bibliografische Angaben für „Der Leichtathlet – Amtliches Reichsorgan des Fachamtes Leichtathletik im Deutschen Reichsbund für Leibesübungen; amtliches Organ der Deutschen Sportbehörde für Leichtathletik."

Seitentitel:	Owens gewann mit Weltrekord im Weitsprung/ Eine großartige Leistung von Long, der die silberne Medaille gewann.
Herausgeber:	Limpert, Berlin.
Erschienen:	5. August 1936.
Bezug und dort einsehbar:	Köln Sporthochschule Zentralbibliothek, Signatur P63.
Datum des Abrufs:	Februar 2023.
Lizenzstatus:	Gemeinfrei.
Anmerkung zu Rechtschreibung:	Die Rechtschreibung des Originalartikel wurde beibehalten und nicht verändert bzw. Fehler, wie sonst üblich, nicht durch [sic!] gekennzeichnet]

Bibliografische Angaben für Kai-Heinrich Long, „Long, Luz – eine Sportlerkarriere im Dritten Reich – Sein Leben in Dokumenten und Bildern."	
Buchtitel:	Long, Luz – eine Sportlerkarriere im Dritten Reich – Sein Leben in Dokumenten und Bildern.
Verlag:	Arete Verlag, Hildesheim
Autor:	Kai-Heinrich Long.
Erschienen:	2015
ISBN:	978-3-942468-26-8.
Seitenangabe:	247, oben

Teil II

1936

Die Olympischen Spiele

e. Die Bewertung
der Wettkampfergebnisse

e. Die Bewertung der Wettkampf-ergebnisse.

Wenn man sich die Angaben zu den Weitsprüngen der drei Medien, **„Wikipedia"**, **„Der Leichtathlet"** und das **Buch** von Longs Sohn Kai-Heinrich anschaut bzw. vergleicht, so stimmen die Werte weitestgehend überein.

Die Sprünge der Qualifikation werden hierbei nicht berücksichtigt, weil sie 1936 nicht in Gänze dokumentiert wurden und, in Folge dessen, deren Wertangaben nicht überliefert sind.

Den Anfang unseres Vergleichs machen die Wertangaben des Halbfinales, für das sich 16 Teilnehmer qualifiziert hatten.

Der Wert von **John Brooks** (USA) differiert beim 1. Sprungversuch im Halbfinale:

„Wikipedia" und **Long** geben 7,34 m,
„Der Leichtathlet" 7,32 m an.

Des Weiteren wurden bei „Der Leichtathlet" fl. Werte der ersten, für das Finale qualifizierten, sechs Sportler (in blau markiert), nicht erwähnt:

3. Versuch von Jesse Owens, 7,75 m.
2. Fehlversuch von Taijima Naoto.

(Bitte die übrigen Versuche von Platz 7-16 auf der Liste anschauen, da wir uns hier auf die Finalisten konzentrieren wollen).

Ansonsten sind alle absoluten Sprungmeterwerte als solche identisch.

Bewertung dieser Unterschiede:

Es sei noch einmal wiederholt, dass die Reporter der Zeitschrift „**Der Leichtathlet**" vor Ort waren und „**Wikipedia**" ein „Open-Source-Medium" ist, welches häufig dadurch fehlerhaft ist, dass viele Autoren bei der Erstellung von Artikeln Eingaben machen können. Da Long die korrekte Worteaufstellung ebenso quasi aus erster Hand kennt, ist die Wahrscheinlichkeit sehr groß, dass die Wikipediaangaben fehlerhaft bzw. nicht vollständig sein könnten.

Um die Ergebnisse jedoch auf die Frage herunterzubrechen, ob die dargestellte Hilfsaktion von Luz Long gegenüber Owens plausibel ist, so steht fest, dass im Finale, um das es hier geht, Jesse Owens, im 1. Versuch, tatsächlich den Sprung übertrat (das bedeutet, dass er nicht auf der Absprunglinie startete und der Sprung nicht gewertet wurde) und Lutz Long im 3. Sprung ebenso.

Aus dieser Datenlage wurde z.B. im Film „Race" (siehe Literatur- und Medienquellen) die Szene in der Weise dargestellt, dass der Fehlversuch Owens, beim ersten Finalsprung, zur Folge hatte, dass Luz Long ihm half, damit er bei den nächsten Sprüngen die Absprunglinie treffen würde. Dies tat er, indem er, ein paar Zentimeter vor der Linie, für Owens ein Handtuch zur Orientierung platzierte (im

Film) und daraufhin Owens, in der weiteren Sprung-
folge, letztlich mit 8,06 Metern die Goldmedaille holte.

Weiterhin wird im Film kolportiert, dass Luz Long
seinen dritten Sprung absichtlich verstolperte, um
Owens den Sieg zu ermöglichen. Es wird suggeriert, dass er dies tat, um seinem neugewonne-
nen Freund Owens, als Farbigem, den Triumph zu
gönnen. Ob diese Interpretation den Fakten entspricht, wissen wir nicht, allemal wünschen wir uns
natürlich, dass es so geschehen sein könnte.

Long schreibt dazu selbst:

> „... *nein, nein, nein, ich falle nach vorn,
> kann nicht tragen, laufe nach 6,5 Meter
> durch die Grube. Der Sieg ist Weg. Also
> Zweiter für diese Mühe. [...] Owens [...]
> landet unter Jubelschrei der Menge bei
> 8,06 Meter. [...] Ich kann nicht anders, ich
> laufe zu ihm, bin der Erste, der ihn be-
> glückwünscht, umarmt.*"[11]

Nach dieser Originalaussage Longs sieht es zumindest so aus, dass dieser „Verstolperer" nicht be-
absichtigt war.

Da die Wertangaben für das Finale eindeutig belegt
sind, ist die Diskussion, ob es diese Fehlsprünge
überhaupt gab, obsolet, und ebenso ist die Frage,
ob hier PR im Spiel war, irrelevant.

---

[11] Ebd. Long, Kai-Heinrich, S. 102.

Sei es wie es sei, diese Vorgänge im Jahre 1936, fast 90 Jahre zuvor, haben es geschafft, noch heute und hier und jetzt diskutiert zu werden und geben uns zumindest einen kleinen Hoffnungsschimmer für Menschlichkeit und Fairness inmitten der Szenerie eines faschistischen und menschenverachtenden Staates, der nur drei Jahre später einen weiteren Weltkrieg anzettelt und im weiteren Verlauf bis 1945 den größten Genozid der Menschheitsgeschichte begehen wird.

Bibliografische Angaben für „Olympische Sommerspiele 1936/ Leichtathletik – Weitsprung".	
Seitentitel:	Olympische Sommerspiele 1936/Leichtathletik – Weitsprung.
Herausgeber:	Wikipedia – Die freie Enzyklopädie
Autor(en):	Wikipedia-Autoren, siehe Versionsgeschichte
Datum der letzten Bearbeitung:	04. Dezember 2021, 17:34 UTC
Versions-ID der Seite:	217886648
Permanentlink:	de.wikipedia.org/wiki/Olympische_Sommerspiel e_1936/Leichtathletik_–_Weitsprung_(Männer)
Datum des Abrufs:	08. Februar 2023, 11:45 UTC
Unterstreichungen:	Sind im Originaltext blau markiert, um Verlinkungen anzuzeigen. Diese Verlinkungen wurden ausgelassen.

Bibliografische Angaben für „Der Leichtathlet".	
Zeitschrift::	Der Leichtathlet; amtliches Organ der Deutschen Sportbehörde für Leicht- athletik."
Herausgeber:	Limpert, Berlin
Artikeltitel:	„Owens gewann mit Weltrekord im Weitsprung/ Eine großartige Leistung von Long, der die silberne Medaille gewann."
Ausgabedatum:	05. August 1936.
Abrufbar bzw. einsehbar:	Sporthochschule Köln, Zentralbibliothek, Signatur P63.
Datum des Abrufs:	07. Februar 2023

Bibliografische Angaben für „Long, Kai Heinrich, "Luz Long – Eine Sportlerkarriere im Dritten Reich. Sein Leben in Dokumenten und Bildern."	
Verlag:	Arete Verlag, 2015.
Ursprüngliche Quelle:	Neue Leipziger Zeitung. Verlag nicht ermittelbar: 11. August 1936, o. S., einsehbar: Deutsche Nationalbiblio- thek (DNB), (SAX,DE-101a), Signatur ZE 244
Seitenzahlen:	100, 101, 102 (siehe auch Fußnoten).

Teil II

1936

Die Olympischen Spiele

f. Wahrheit oder Lüge?

f. Wahrheit oder Lüge?

Zweifel?

Es gab viele Gerüchte und Anzweiflungen, ob der Geschichte zwischen Luz und Jesse, was deren ostentativ zelebrierte Freundschaft bei den Wettkämpfen der Olympischen Spiele angeht.

War die ganze Szenerie echt? Hatten die beiden das Ganze im Vorfeld abgesprochen? Ging es um schnöde Publicity?

Theoretisch wäre das möglich.

Und da kein Mensch tatsächlich live hören konnte, was die beiden, vielleicht im Vorfeld der Wettkämpfe und auch während derselben, sprachen, sind wir auf das angewiesen, was sie taten und/ oder im Nachgang dazu sagten.

Wikipedia schreibt hierzu (siehe auch im Anhang c: Jesse Owens) dies sei eine *„Legende"* sie sei *„widerlegt"* und

> *„[...] die Fachzeitschrift* Der Leichtathlet *schrieb am 5. August 1936, beide Athleten hätten die geforderte Weite bereits im zweiten Versuch erreicht. 1965 räumte Owens gegenüber Olympiahistoriker Tom Ecker in einem Interview ein: ‚Das sind Geschichten, die die Leute hören wollen.'*

Der erste, der Owens nach seinem Sieg gratulierte, war jedoch tatsächlich Long.

Owens kommentierte dies später mit den Worten:

[…]
‚Es kostete ihn viel Mut, sich vor den Augen Hitlers mit mir anzufreunden. Man könnte alle Medaillen und Pokale, die ich habe, einschmelzen, und sie würden nicht für eine Schicht über die 24-Karat-Freundschaft, die ich in diesem Moment für Luz Long empfand, reichen. Hitler muss wahnsinnig geworden sein, als er uns umarmen sah. Das Traurige an der Geschichte ist, dass ich Long nie mehr gesehen habe. Er wurde im Zweiten Weltkrieg getötet.“ [12]

Über den zweiten Sprungversuch im Finale, am 4.8.1936, um 17:45 Uhr, schreibt später Long selbst und bestätigt damit, dass auch Owens ihm gratulierte, nicht nur er selbst Owens:

„Das Maß ergibt 7,84 m. Hallo, großes Hallo im Stadion, als das Mikrophon die Leistung meldet. Jesse kommt gelaufen, gra-

---

[12] Siehe Teil II, a. 1.: „Jesse Owens“, ein Wikipedia-Artikel, S. 83 unten.

tuliert, lässt sich die Weite übersetzen."
[von „inches" in „Meter", Anm. d. Verf.] [13]

Der Spiegel stellte im Jahr 2014 kritisch die Behauptung auf (Nr. 1) [14]:

> „Der Mythos von der Seelenverwandt-
> schaft fußt allein auf späteren Berichten
> Owens'."

Der Leichtathlet hielt **am 5. August 1936 fest,**
dass beide Athleten die geforderte Weite bereits im
zweiten Versuch übersprungen hätten. (siehe Ab-
druck des Artikels unter II. f, S. 147)

Es wurde nun in diesem Buch, um all diese Thesen
weiter zu überprüfen, die vorliegenden zeitgenössi-
schen Wettkampfaufstellungen und -berichte der
Zeitschrift „Der Leichtathlet" vom 5.8.1936, mit den
in Wikipedia angebotenen Daten und den ausführli-
chen Schilderungen in Kai-Heinrich Longs Buch
(Luz Longs Sohn), verglichen. Am Ende kristallisiert
sich das Bild heraus, dass zwischen den Angaben
der drei Quellen nur geringfügige Abweichungen
vorliegen (siehe Anhang h.)

Da die Reporter der Zeitschrift „Der Leichtathlet",
laut eigenen Angaben, vor Ort dabei waren, ist die
Schilderung derselben mutmaßlich am authentisch-
sten und kann den Anspruch auf Glaubwürdigkeit
erheben, obwohl die Publikation ein Organ der Na-

---

[13] Siehe Teil II, b, 1: „Mein Kampf mit Owens", S. 107.
[14] **Der Spiegel,** *Zeitschichte – Jesses Märchen:* Hamburg, 2014, S. 105 unten

zi-Obrigkeit war und von daher im Verdacht stehen könnte, zu beschönigen oder zu verfälschen.

Eine weitere Überprüfungsmethode, ob eine relativ neutrale Berichterstattung vorliegt, wäre, wenn man den Duktus des Artikels auf rassistische und fremdenfeindliche Hinweise untersucht. Ein indoktriniertes Medium würde erwartungsgemäß den sprachlichen und inhaltlichen Sprachstil eines staatlichen Auftraggebers übernehmen.

Es stellt sich aber heraus, dass im Artikel der Zeitschrift „Der Leichtathlet", „lediglich" zweimal das „N-Wort" Erwähnung findet. Diese Nutzung ist jedoch ein zeitgenössischer Ausdruck, der auch vor dem „Dritten Reich" und danach, bis in die 1970er Jahre, „normale" Ausdrucksweise war, ohne subjektiv rassistisch gemeint oder verstanden zu werden:

„Nach zwei übergetretenen Sprüngen kommt auch der Neger Richardson (Canada) in die Entscheidung."

„Ueberhaupt ist das schwarze Element beim Weitsprung stark vertreten; Owens, Brooks, und Richardson sind Neger." [15]

Die westdeutsche Zeitschrift „Die Zeit" [16] nutzte noch 1964 in einem Bericht über Jesse Owens, der

---

[15] **Leichtathlet, Der,** *„Amtliches Reichsorgan des Fachamtes Leichtathletik im Deutschen Reichsbund für Leibesübungen; amtliches Organ der Deutschen Sportbehörde für Leichtathletik."* Berlin: Limpert, 5. August 1936, S. 3.
Einzusehen u.a. unter: Köln Sporthochschule Zentralbibliothek, Signatur P63.
Siehe auch Anhang f.

1964 nach Berlin kam, diese unsäglichen Bezeichnungen (N****-Wort):

„Ausgerechnet ein Neger wurde 1936 im nationalsozialistischen Deutschland zur zentralen Figur der Berliner Spiele" oder

„[...]der [...] aus seiner Zuneigung zu seinem Gegner, dem Neger Jesse Owens, im Olympiastadion keinen Hehl machte."

Wenn die Aktion bzw. die daraus folgende Freundschaft nun eine Legende gewesen wäre und beide Sportler, Long und Owens, aus ihrem historischen Zusammenkommen „nur" eine Show gemacht hätten, wer könnte es ihnen verdenken?

In jedem Falle, war es allemal ein großartiges, historisches Zeichen, das beide setzten und es bestand tatsächlich realiter eine ernste Gefahr, zumindest für Luz Long, vom Regime gemaßregelt zu werden, was auch tatsächlich geschah.

Der Anruf von Heß und seine Aussage: *„Umarmen Sie nie wieder einen Neger!"* sagt dazu alles.

Es hätte auch noch ernsthaftere Konsequenzen nach sich ziehen können, wieviele kamen für weitaus weniger ins KZ?!

---

[16] Zit. n. Ebd. **Zeit Online**.

Alles in allem hat ihre Aktion, ob so oder so entstanden, dazu geführt, dass wir heute noch, nach fast 90 Jahren, darüber sprechen. Es wirkt nach und mahnt uns alle, niemals zu schweigen, wenn Unrecht vorliegt.

Man konnte es 2022 bei der Fußballweltmeisterschaft in Katar erleben, diese Gemengelage gibt es noch heute im 21. Jahrhundert und wenn wir nicht aufpassen, wird es sie auch in 100 Jahren noch geben!

Owens gewann mit Weltrekord

im Weitsprung/ Eine großartige Leistung von Long, der die silberne Medaille gewann

Morgens um 10.30 Uhr finden die Qualifikationskämpfe statt. Es wird auf beiden Längsseiten des Stadions in zwei Abteilungen gesprungen. 7,15 Meter sind zu bewältigen, ehe einer zum Vorkampf zugelassen wird.

Die Springer springen heute *[4.8.1936, Hinzuf. d. Verf.]* mit erheblichem Rückenwind. Von den Koryphäen sehen wir Owens auf der Gegenseite, Long hier dicht vor uns auf der Tribünenseite. Die Augen suchen jetzt unsere beiden anderen Vertreter *[gemeint sind die deutschen Teilnehmer, Anm. d. Verf.]* Bäumle und Leichum. Eben geht Bäumle vor uns an den Ablauf.

Von den insgesamt 50 gemeldeten Teilnehmern haben sechs Mann ihre Meldung nicht erfüllt. Es sind dies Metcalse (Australien), del Becchio (Columbien), Dickinson (Australien), Maeder (Schweiz), Andersen (Dänemark) und Loncar (Jugoslavien).

Wir müssen uns berichtigen: Owens springt auch auf unsere Seite. Er hat nur eben seinen 200-Meter-Vorlauf erledigt. Gerade kommt er lächelnd über den Rasen und meldet sich beim Kampfrichter. Lutz Long hat seinen ersten Sprung übertreten.

Auf der Tribünenbahn haben sich beim ersten Durchgang nur drei Mann für die Entscheidung qualifiziert: Bäumle (Deutschland), Maffei (Italien) und Paul (Frankreich). Eben springt Owens. Er erfüllt die Bedingung nicht! Ihm scheinen die 200 Meter noch in den Knochen zu stecken.

In der zweiten Gruppe haben nach dem ersten Durchgang mehr als 7,15 Meter erreicht: Clark (USA.), Berg (Norwegen), Caldana (Italien), Leichum (Deutschland) und Tajima (Japan), die gesprungenen Weiten werden nicht bekanntgegeben. Man erkennt nur an einer weißen oder an einer roten Flagge, ob der Sprung ausreicht oder nicht.

Eben haben kurz hintereinander Long und Owens zwei ausgezeichnete Qualifikationssprünge hingelegt; die Weite von Owens war vielleicht ein wenig weiter.

Es lohnt sich, hier einmal kurz auf Owens Technik einzugehen. Er steht beim Ablauf tief gebückt und tritt sofort sehr stark an. Zehn Meter vor dem Balken ist deutlich ein lockeres Pendeln zu beobachten. Der Sprung selbst ist dann ziemlich flach. Die Weite kommt nur durch die enorme Anlaufgeschwindigkeit zustande.

Beim zweiten Durchgang erkämpfen sich folgende Springer die Berechtigung am Endkampf teilzunehmen: die schon erwähnten Owens und Long. Vosolfobĕ (Tschechoslowakei) und Brooks (USA.).

Nach zwei übergetretenen Sprüngen kommt auch der Neger Richardson (Canada) in die Entscheidung. Er macht mit den besten Eindruck von allen. Überhaupt ist das schwarze Element beim Weitsprung stark vertreten; Owens, Brooks und Richardson sind Neger.

In jeder Gruppe haben sich damit je acht Teilnehmer für die Entscheidung durchgesetzt. Den Endkampf am Nachmittag bestreiten also: die drei Deutschen Bäumle, Long und Leichum, die drei Amerikaner Clark, Owens und Brooks, die Japaner Togami und Tajima (Harada ist zur großen Überraschung ausgeschieden!), die Italiener Maffei und Caldana, Richardson (Canada), Vosolfobĕ (Tschechoslowakei), Paul (Frankreich), Stenqvist (Schweden), Berg (Norwegen) und Castellar de Oliveira (Brasilien).

Der Vorkampf des Weitsprunges wird auf der Gegengeraden ausgetragen. Mit dicken Wolldecken und langen Regenmänteln versehen, ziehen die 16 Endkampfteilnehmer ein, der starke Wind kühlt die Muskeln aus und vermindert die Reaktionsgeschwindigkeit. Mit dem Wetter haben die Springer bisher kein Glück gehabt. An den Längsseiten der Weitsprunggrube stehen kleine Schilder mit den Zahlen 6, 7, 8, die Meterzahlen darstellen und eine schnelle Orientierung ermöglichen. Durch ein Fähnchen mit den fünf Olympischen Ringen wird der olympische, durch ein zweites mit dem Globus der Weltrekord angezeigt.

Bäumle (Deutschland) eröffnet den Reigen, der Sprung war sehr flach, trotzdem noch 7,32. Dann geht es in ganz großem Stile weiter. Maffei (Italien) 7,50, Owens 7,74 Meter. Wenn das so weiter geht, dann können wir uns noch auf allerlei gefaßt machen.

Mit großer Spannung wird jetzt Longs erster Sprung erwartet; 7,51 Meter, das war ein typischer Sicherheitssprung. Clark (USA.) tritt einen wunderbaren Sprung über. Wilhelm Leichum tritt ebenfalls über. Man hat den Eindruck, als ob sie sich alle noch nicht recht mit dem Rückenwind abgefunden haben. Der dritte USA.-Vertreter, Brooks startet in genau derselben Weise wie Owens; er schafft 7,32 Meter.

Einen technisch wunderbaren Sprung sieht man dann von Tajima, der die zweitbeste Leistung im ersten Durchgang mit 7,65 Meter vollbringt. Sein Sprung ähnelt ein wenig dem Sprung Longs. Owens erreicht im zweiten Sprung des Vorkampfes bereits die neue olympische Rekordweite von 7,87 Meter. Maffei ist sehr beständig, er springt diesmal 7,47 Meter. Als nächster springt Long, diesmal werden es 7,74 Meter. Gottseidank, Long ist in der richtigen Olympiaform.

In die Entscheidung werden wahrscheinlich nur solche Leute kommen, die 7,50 Meter und darüber springen. Leichum tritt auch seinen zweiten ein wenig über. Schade, schade, das waren auch 7,70. Der Neger Brooks wird im Endkampf nicht allzuviel zu bestellen haben. Nach dem zweiten Durchgang sind die sechs besten Leistungen: Owens (USA.) 7,87 Meter; Long (Deutschland) 7,74 Meter; Tajima (Japan) 7,65 Meter; Clark (USA.) 7,60 Meter; Maffei (Italien) 7,50 Meter und Brooks (USA.) 7,41 Meter.

Da Bäumle im dritten Durchgang nur 7,13 Meter schafft, kommt er für die Entscheidung nicht mehr in Frage. Maffei (Italien) befindet sich in der Form seines Lebens, er springt jetzt mit 7,73 die bisher drittbeste Leistung und verbessert den italienischen Rekord beträchtlich.

Nun kommt Longs dritter Sprung. Das Stadion nimmt jetzt den lebhaftesten Anteil am Weitsprung. Ein Aufheulen an der Gegenseite des Stadions, Owens gratuliert, dann verkündet der Lautsprecher 7,84 Meter. Nun hoffen wir nur, daß Leichum noch mehr als 7,41 Meter springt, dann hat Long ein wenig Unterstützung im Endkampf! Bravo, Leichum, 7,52 Meter. Drücken wir den Daumen, daß Brooks nicht weiter springt! Tajuma verbessert sch beim letzten Sprung auf 7,74 Meter.

Weitsprungfinale wie noch nie

In der Entscheidung sind: Owens /USA.) 7,87 Meter, Long (Deutschland) 7,84, Tajima (Japan) 7,74, Maffei (Italien) 7,73, Clark (USA.) 7,60, Leichum (Deutschland) 7,52 Meter.

Die Entscheidung wird vor der Ehrentribüne unter den Augen des Führers, der auch heute den Kämpfen beiwohnt, ausgetragen. Wir sitzen direkt über dem Sprungbalken und können alles aufs beste verfolgen.

Der Wind ist so stark, daß die Trainingsanzüge und Decken über die Bahn fliegen. Altmeister Woelle prüft, ob auch alles in Ordnung ist. Jetzt folgt erst der Endlauf über 800 Meter und dann wird die härteste Weitsprungkonkurrenz die es je gegeben hat, ihren Anfang nehmen.

Leichum springt als erster 7,38 Meter. Clark wiederholt seine Vorkampfleistung von 7,60 Meter. Maffei folgt mit 7,22 Meter. Tajima kommt ein wenig hart auf den Balken, 7,52 Meter.

Unter allgemeiner Spannung geht Long an den Ablauf. Leider sprang er etwas zu früh ab. Trotzdem wurden es noch 7,73 Meter. Owens tritt einen 8-Meter-Sprung über. Im zweiten Durchgang verbessert Clark auf 7,67 Meter. Der Rückenwind scheint hier auf dieser Seite etwas schwächer zu sein.

Long packt sich die Marke mitten in die Bahn. Ein lockerer Anlauf, ein fabelhaftes Abdrücken, 7,87 Meter. Brausender Beifall. Jetzt kommt Owens. Er geht ebenso wie Long aufs Ganze. Das Resultat ist 7,94 Meter. Und jetzt leitet Leichum die letzte Serie ein. Mit 7,73 Meter rehabilitiert er sich für seine ersten schwächeren Sprünge. Clark ist etwas schlechter, 7,57 Meter.

Tajima tritt seinen letzten Versuch über. Nun kommt Long. Wird es ein weiterer Olympiasieg der Deutschen? Nein, leider nicht! Long trifft den Balken schlecht und läuft dann durch. Schade, sehr schade, daß in diesem Augenblick das ganze Stadion nicht merkte, daß Deutschland dicht vor einem neuen Olympiasieg stand und Ruhe bewahrte.

Wenn auch Owens im letzten Sprunge die sagenhaften acht Meter mit einem Sprunge von 8,06 Metern überbot, mit ein wenig Glück wäre dasselbe auch Long möglich gewesen. Aber wir können stolz auf unsere Weitspringer sein!

Entscheidung:
Leichum (Deutschland) 7,38, 7,25, 7,73
Clark (USA.) 7,60, 7,67, 7,57
Maffei (Italien) 7,22 7,42, 7,39
Tajima (Japan) 7,52, 760, --
Long (Deutschland) 7,73, 7,87, --
Owens (USA.) – 7,94, 8,06

Ergebnis:
1. Owens (USA,) 8,06
2. Long (Deutschland) 7,87
3. Tajima (Japan) 7,74
4. Leichum (Deutschland) 7,73
5. Maffei (Italien) 7,73
6. Clark (USA.) 7,67

Bibliografische Angaben für „Der Leichtathlet – Amtliches Reichsorgan des Fachamtes Leichtathletik im Deutschen Reichsbund für Leibesübungen; amtliches Organ der Deutschen Sportbehörde für Leichtathletik."	
Seitentitel:	Owens gewann mit Weltrekord im Weitsprung/ Eine großartige Leistung von Long, der die silberne Medaille gewann.
Herausgeber:	Limpert, Berlin.
Erschienen:	5. August 1936.
Bezug und dort einsehbar:	Köln Sporthochschule Zentralbibliothek, Signatur P63.
Datum des Abrufs:	Februar 2023.
Lizenzstatus:	Gemeinfrei.
Anmerkung zu Rechtschreibung:	Die Rechtschreibung des Originalartikel wurde beibehalten und nicht verändert bzw. Fehler, wie sonst üblich, nicht durch [sic!] gekennzeichnet]

Teil III

1936

Die Olympischen Spiele

Eine „gefakte" Heldengeschichte?

Eine „gefakte" Heldengeschichte? Einführung.

Für die Weltöffentlichkeit war die offensichtliche und offenbarte Freundschaft zwischen Luz und Jesse das große Thema des Jahres, wenn nicht sogar später, die eines ganzen Jahrhunderts.

Myriaden von Presseleuten und anderen Autoren haben sich seitdem ständig und ausdauernd damit befasst; beide Sportler wurden, nicht alleine wegen ihrer sportlichen Leistungen, zu Superhelden ihrer Zeit.

Durch die intensive Befassung mit dieser Begebenheit wurden immer wieder Interviews, vor allem mit Jesse Owens, geführt und so kam es, ebenfalls immer wieder, zu vielfältigen Nuancierungen, unterschiedlichen Darstellungen und Äußerungen, die hier und da Zweifel aufkommen ließen, ob das alles wirklich so geschehen sein konnte. Vor allem Jesse Owens wurde nachgesagt, das ein oder andere, wegen des Ruhmes, erfunden zu haben.

So gibt es z.B. die unterschiedlichsten Dialoge, die angeblich zwischen Luz und Jesse in Bezug auf den berühmten Absprungtipp stattgefunden haben sollen.

Der letzte verfehlte Sprungversuch Luzens im Weitsprungfinale, der zu Owens Sieg und der Goldmedaille führte, wurde zum heroischen Verzicht Longs stilisiert, ebenso wie der Tipp, den Absprung weiter vor die Absprunglinie vorzuverschieben, was letztlich zu Jesses erfolgreichem 8,09 Meter-Sieg führte. Dies sind nur die markantesten Beispiele.

Alles in allem wurde die Begegnung der beiden Ausnahmesportler zum internationalen, ewig währenden Mythos. Von Seiten des Publikums, wo auch immer es davon erfuhr, war dies nur allzu verständlich, denn was gab es Schöneres, inmitten einer angespannten Weltlage, eines neuen faschistischen Staatswesens und all der Neuerungen, die das mit sich brachte, einen menschlichen, tatsächlich heroischen Mythos mitzuerleben, der von all dem ablenkte?!

Da war es sogar nachvollziehbar, dass die auf Antisemintismus und Rassismus getrimmten Deutschen nun sogar einen Afroamerikaner zum Superhelden erkoren und ihn quasi vor den Augen ihres nationalsozialistischen „Führers" frenetisch bejubelten.

Nun gibt es verschiedene Möglichkeiten, eine Gegenthese aufzustellen, dass das alles, was dort auf dem Rasen bzw. in der Sandbox geschah, neumodisch ausgedrückt, Fake, also ein konstruiertes, abgekartetes Spiel zwischen Luz und Jesse gewesen sein könnte.

Volker Kluge schreibt hierzu [17]:

---

[17] Ebd. Zit. n. Kluge Volker, Vorwort deutsch, S. 5.

„Trotz aller Schwierigkeiten schaffte es die Olympische Bewegung, sich durchzusetzen und zu wachsen. Sie tat dies, indem sie sich auf unveränderliche Werte stützte, [sic!] und auf der Grundlage zahlloser Mythen [sic!] wie dem der Verbindung zu den Spielen im antiken Griechenland (K. Lennartz) oder dem der angeblichen Freundschaft zwischen dem Afroamerikaner Jesse Owens und dem Deutschen Luz Long nach 1936 [...]."

Mehr noch, eine weitere extreme These wäre es, zu behaupten, das NS-Regime selbst habe zu dieser wundersamen, mystischen Geschichte verholfen.

Aber nun der Reihe nach. Geben wir uns einer Version der Geschichte hin, die so hätte geschehen können und, um dem Mythos gerecht zu werden, hier projektiv vom Sieger des Weitsprungs, Jesse Owens, erzählt wird.

„Die wahre Geschichte zwischen Luz und mir", erzählt von Jesse Owens. Ein Projektionsversuch. a. Gegenthese Nr. 1.

Ich traf meinen deutschen Konkurrenten Luz Long bereits im Olympischen Dorf, das ca. 15 KM vom Olympiastadion entfernt, etwas außerhalb von Berlin, gebaut worden war.

Ich vergesse nie unsere erste Begegnung in der Cafeteria. Ich hatte ihn sofort erkannt.

Er entsprach dem typischen nordischen, weißen, Menschenschlag, etwas schlaksig und hager, aber hoch aufgeschossen, blaue oder zumindest helle Augen und blondes Haar. Er war ein hübscher Mann, genau das Gegenteil von mir selbst. Mein Körper sah drahtiger aus und vor allem, war er schwarz, ebenso waren auch meine Haare dunkel. Wir waren der Inbegriff von Ebenholz und Elfenbein als Gegenpol. Ich fand das interessant und spannend.

Hinzu kam, wir kamen aus zwei völlig verschiedenen Welten, aber doch war dort eine direkte und intensive Sympathie, mehr noch, ich empfand ein angenehmes, vertrautes Gefühl. Ich hatte den Eindruck, mit Luz konnte man „Pferde stehlen!"

Luz ging es ebenso, wie er mir später erzählte und so kamen wir schnell ins Gespräch über all das, was uns verband und was noch geschehen würde.

Wir wussten, und das sprachen wir offen aus, dass wir auf der einen Seite im selben Boot saßen, andererseits jedoch Gegenspieler, Konkurrenten, ja sportliche „Feinde" waren. Beinahe gleichzeitig, fast synchron, hatten wir den gleichen Gedanken. Luz war der erste, der ihn offen aussprach. Es war wie Gedankenübertragung.

„Jesse, wir müssen unsere spezielle Situation für uns ausnutzen, wir müssen all das, was Gegnerschaft und Konkurrenz bedeutet, ummünzen und zu unserem Vorteil gestalten.

*Lass uns als **ein** Team begreifen. Wir sind keine Gegner, wir sind ein eingeschworenes, und deshalb super starkes Team, das niemand bezwingen kann. **Wir** sind **die Stars** und wenn wir zusammenarbeiten, werden wir unschlagbar sein. Mir geht es nicht um Gold oder Silber oder um sportlichen Ruhm. Worum es mir geht, geht viel weiter und über all das hinaus!*

Wir sind die Botschafter für die Zukunft. Eines Tages wird das alles hier in Deutschland vorbei sein, aber unser Mythos wird ewig währen.

„Denk mal darüber nach", sagte er und ich hatte das Gefühl, er sei „unstoppable", wie wir Amerikaner sagen, unaufhaltsam und stark, wie Zeus, so kam er mir vor.

Seine Begeisterung erfasste mich und ich spürte den starken Sog, den er ausstrahlte. Ich konnte nicht anders, als mitzuziehen. Da war dieses starke Band, das uns verband. Ich konnte gar nicht mehr alleine entscheiden, ich war eins mit ihm und dieses Gefühl war nicht unangenehm, im Gegenteil, es machte mich euphorisch.

„Ja", antworte ich begeistert, *„du hast so Recht! Ich sehe das genauso. Nur hatte ich nicht die Schnelligkeit, wie du sie hast. Ich bin schnell auf dem Rasen oder der Aschebahn, aber, wenn es um so etwas geht, fällt der Groschen etwas langsamer. Schließlich bin ich nur ein wildes Tier, das nicht denken kann!"*

Wir beide lachten und Luz signalisierte mir damit, dass er den kruden Schwachsinn seiner Regierung absurd fand, Schwarze seien nur erfolgreich, weil sie die Stärke von wilden Tieren hätten, wären aber, ebenso, wie die, vernunfttechnisch unterbelichtet.

So schmiedeten wir an diesem sonnigen Nachmittag im Olympischen Dorf den perfidesten Plan, den es je gegeben hatte. Zwei Kontrahenten, ja „Feinde", schmiedeten einen gemeinsamen, revolutionären Plan, ein Komplott, um der Zukunft willen.

Luz fuhr mit seinen Erläuterungen fort:

„Ich stelle mir die Zukunft so vor:

So, wie es aussieht, wird unsere neue Regierung nach den Spielen, all das, was sie nun verdeckt hält, wieder reaktivieren. Dann, wenn die Sportler nach Hause zurückgekehrt sein werden und du und deine Leute wieder zu Hause sind, werden Juden und Schwarze nicht mehr erwünscht sein und das, was du errungen haben wirst, wird in den Dreck gezogen werden. Deine Medaillen werden unwichtig und schnell vergessen sein.

Auch ich werde von meinen Siegen nichts mehr haben, sie werden mich nicht davor schützen, in den kommenden Krieg ziehen zu müssen und dort evtl. zu sterben. Warum, fragst du nun?

Hitler hat schon lange vor, erneut einen Krieg anzuzetteln, um sich Gebiete zurückzuholen und neue Lebensräume für uns „Arier" anzueignen, da wir ja ein „Volk ohne Raum sind!" Luz lächelte gequält.

Deshalb müssen wir <u>jetzt</u> etwas tun, um alles zu stören, das gesamte Gebilde vor aller Welt auf den Kopf zu stellen, Hitler vor seinen Augen vorzuführen!"

„Was genau meinst du da?, fragte ich interessiert.

„Ich meine, wir beide müssen zusammenarbeiten und das ganze Kartenhaus zum Einsturz bringen. Wenn wir uns gegenseitig unterstützen und unser Ziel im Auge behalten, werden wir beide siegen, ob mit oder ohne Medaille. Wir werden die Helden unserer Zeit werden."

„Was genau schwebt dir da vor?, fragte ich angespannt. Wollte er mich vielleicht doch nur vor-

führen? Wollte er, dass ich ihm den Vortritt lasse, damit er den Ruhm, einfach so und ohne große Mühe, einsackte?

„Ich sehe deine Skepsis in deinen Augen. Hier ist mein Plan:" Luzens Augen leuchteten und man konnte das Fieber sehen, das ihn erfasst hatte.

„Ich finde, du musst den Weitsprung gewinnen. Ich will, dass sich die Nazis quälen, dass ihre Rasseideologie bröckelt, dass du als „Neger" gewinnst und es ihnen zeigst! Und wir werden es so drehen, dass ich dir dabei helfe, zu gewinnen, ich als Vorzeige-Nazi, gehe hin und gebe dir Tipps, wie du richtig springst und dann gewinnst du!

Ich habe mir alles genau überlegt. Wir werden die Welt aus den Angeln heben, gemeinsam, Schwarz und Weiß, vereint, solidarisch, kooperativ. Niemand kann diese Zusammenarbeit stoppen. Die Welt wird begreifen müssen, dass alles nur gemeinsam geht, Hand in Hand, einig, über Hautfarben hinweg.

Wir werden beide profitieren und uns wird nie jemand jemals vergessen. Unsere Medaillensiege werden vergessen sein, aber das, was wir tun werden, wird die Welt verändern. Vielleicht schaffen wir es, das deutsche Volk aufzurütteln und dazu zu bringen, den Wahnsinn selbst zu stoppen.

Ich habe zwar meinen Zweifel, ob das gelingen kann, aber wir werden es dann zumindest versucht haben!"

Abrupt stoppte Luz seinen Redeschwall und sah mich fragend an.

„Kannst du mir folgen und, wie findest du das eigentlich?"

„Ich bin sprachlos, du denkst so schnell, ich muss das alles erst mal verdauen, aber ich kann dir jetzt schon sagen, ich bin dabei. Das ist eine tolle Idee. Lass uns das große Ganze sehen.

Weißt du Luz, ich bin nur ein unbedeutender „Neger" (ich setzte hier mit meinen beiden Zeigefinger imaginär zwei Anführungsstriche, um den Ausdruck der Nazis zu zitieren) *und komme aus einfachen Verhältnissen. Ich bin es nicht gewohnt, „groß" zu denken. Aber du führst mich gerade katapultartig dorthin. Luz, ich in froh, dich getroffen zu haben. Du inspirierst mich zu Größerem.*

Wir machen das und lass uns nun die Details ausbaldowern."

Der Plan.

Luz legte mir seinen Plan vor. Er hatte sich bereits vor unserem Gespräch Notizen gemacht! Man stelle sich vor, er hatte gar nicht gewusst, ob er mit mir sprechen würde, er hatte alles bereits geplant!

Einen Moment lang war ich irritiert, denn ich dachte, hoffentlich werde ich hier nicht zum Werkzeug bei der Idee eines Wahnsinnigen. Denn hätte ich keine positiven, freundschaftlichen Gefühle und großes Vertrauen für und zu Luz gehabt, wäre ich spätestens jetzt stutzig geworden. Aber ich ließ mich überraschen.

„Beim Finale, und ich gehe fest davon aus, dass wir beide dort sein werden, wirst du beim ersten Sprung, da wo alle besonders gespannt sein werden, versagen, verspringen. Ich werde dann zu dir kommen und dir, sichtbar für alle, Tipps geben, wie du es besser machst. Ich hab da schon meine Vorstellung. Ich werde, auch wieder für alle sichtbar, mein Handtuch vor die Linie legen, damit zu siehst, ab wo du abspringen sollst, damit du nicht wieder vertrittst. Dann wirst du einen super Sprung hinlegen."

„Aber, wenn das nicht gelingt? Dann platzt die Blase!", flüsterte ich fast, vor Erfurcht.

„Nein, dann hast du ja noch zwei weitere Versuche, bei denen du verspringen kannst. Ich finde es nur am besten, wenn es direkt am Anfang ist.

Alle werden gespannt sein, wie ein Flitzebogen und genau dann versagst du und der „Deutsche" hilft dir.

Hitler wird toben!

Dann werde ich am Ende, nachdem du die beiden anderen Sprünge super gesprungen bist, nach meinen beiden erfolgreichen Sprüngen, bei meinem letzten Versuch, stolpern und du wirst dann siegen."

„Du willst mir den Sieg schenken? Ich glaube es nicht! Du bist total verrückt, aber ich liebe dich dafür!", sagte ich verwirrt.

„Ja, du wirst Gold holen und ich Silber. Warum? Weil du nun aller Welt gezeigt hast, du bist zwar ein naturbegabter Neger, der alles nur mit der körperlichen Gestaltung schafft und wenig im Kopf hast, einer, der nur „animalisch" siegen kann.

Aber auch du versagst und zeigst Schwäche, aber, wenn dir ein „Arier" hilft, wirst du es schaffen. So werde auch ich, trotz meines Fehlsprungs und meines Versagens, als Deutscher Ruhm erlangen, weil du, als Neger, es nur mit mir geschafft hast, weil ich dir half. Am Schluss werden alle sehen, dass du als Neger tatsächlich gewonnen hast und deine Kunst zeigen konntest, nicht nur die „gesegnete Körperlichkeit".

Wir werden beide Helden sein und zwar, vereint, als Team, als Bruder und Bruder, Schwarz oder Weiß ist dabei egal. Ein Fanal für die Zukunft, ohne Hitler, ohne die Nazis.

Wir können und werden Geschichte schreiben und allen wird bewusst werden, dass die Nazis zum Untergang geweiht sind, sie können nicht auf Dauer siegen, sie werden fallen und das eher früher, als später!"

„Dein Wort in Gottes Ohr!", sagte ich kleinlaut.

Ich muss zugeben, damals dachte ich, Luz ist größenwahnsinnig, aber er beeindruckte mich und ich konnte nicht anders, als ihm zu folgen.

Unser Deal war der größte Deal aller Zeiten, dachte ich noch und erst, als ich abends im Bett lag, fingen mein Körper und meine Seele an, sich zu beruhigen. Es war der aufregendste Tag in meinem jungen Leben.

Eine „gefakte" Heldengeschichte?
Luz muss zum Reichssportführer.
b. Gegenthese Nr 2.

Bevor die Spiele begannen, wurde Luz Long zum Reichssportführer Hans von Tschammer und Osten in ein Gebäude auf dem Reichssportfeld, am Olympiastadion, zitiert.

Luz dachte, es gehe um die übliche Einschwörung auf ein erfolgreiches Turnier zum Wohle des deutschen Volkes oder etwas Ähnlichem. Was er dann zu hören bekam, ließ ihn, im weiteren Verlauf des „Gespräches", das Blut in den Adern gefrieren.

„Long, Sie müssen ihre besondere Fähigkeit für Volk und Vaterland ausnutzen, in dem Sie die übliche Gegnerschaft und Konkurrenz zu ihrem einzigen, aussichtsreichen Gegenspieler, dem Neger Jesse Owens, ummünzen und zu unserem Vorteil gestalten.

Begreifen Sie Ihre Situation auf eine neue Weise, bilden Sie mit dem Neger __ein__ Team. Tun Sie so, als seien Sie keine Gegner, Sie sind ein eingeschworenes, und deshalb super starkes Team, das niemand bezwingen kann. Sie sind Stars und wenn Sie beide zusammenarbeiten, werden sie unschlagbar sein. Vergessen Sie Gold oder Silber oder sportlichen Ruhm. Worum es geht, geht viel weiter und über all das hinaus!

Sie sind der Botschafter für unsere glorreiche, deutsche Zukunft. Eines Tages, und das sehr bald, wird Deutschland die Welt beherrschen und unser Mythos der arischen Rassenüberlegenheit wird ewig währen.

Es geht darum, den Neger siegen zu lassen!"

Luz konnte nicht glauben, was er da hörte!

"Wir geben damit der Welt, was sie erwartet und zeigen ihr, dass wir Nationalsozialisten auch Neger siegen lassen und sie nicht diskriminieren. Das ist wichtig, damit die Olympischen Spiele ein großer Erfolg werden.

Deutschland muss wieder respektiert werden und wir brauchen Rückendeckung für unseren Führer und seine Bewegung, für die großen Pläne, die wir mit der Welt haben. Da brauchen wir keine Irritationen und Gegenwehr. Wir brauchen Freiraum für die großen Aufgaben der Zukunft.

Deutschland muss wieder groß werden, auch weil es groß ist!!

Wenn der Neger siegt, ist das zwar schlecht für unsere Ideologie von der Reinheit der Rassen, aber jeder auf der Welt wird sehen, dass hier in Deutschland alles möglich ist, selbst der Sieg eines Negers!

Und Sie werden der eigentliche Held sein, Sie werden dem Neger seinen Sieg erst ermöglicht haben und so wird ihr zweiter Platz der Sieg der Herzen sein.

Unser Führer hat schon lange vor, unsere gestohlenen Gebiete zurückzuholen und neue Lebensräume für uns Arier zu gewinnen, da wir ja ein „Volk ohne Raum sind!" Luz schaute gequält.

Deshalb müssen wir jetzt etwas veranstalten, um unsere Feinde zu blenden, damit wir vor aller Welt gut dastehen und Hitlers Ideen in Ruhe gestalten und vorbereiten können!"

„Was genau meinen Sie damit? Wird es wieder Krieg geben?, fragte Luz irritiert.

„Möglich.", antwortete er schmallippig.

Sie beide müssen zusammenarbeiten und das Ganze vorbereiten. Wenn Sie sich gegenseitig unterstützen und unser aller Ziel im Auge behalten, werden Sie beide profitieren und letztlich das gesamte deutsche Volk.

Wir werden in der Zukunft die Welt beherrschen und es wird der Tag kommen, dass alle nach unserer Pfeife tanzen müssen und wir uns vor niemandem mehr zu rechtfertigen haben.

„Was genau schwebt Ihnen nun vor, was ich tun soll?, fragte Luz angespannt. Wollte er ihn vielleicht doch nur prüfen? Wollte er, dass er seine Gesinnung offenbarte?

„*Ich sehe Skepsis in ihren Augen. Hier ist mein Plan:*" Luzens Augen waren zusammengekniffen, als scheute er sich vor dem, was kommen würde. Er konnte den Hass in des Reichsportführers Augen sehen und das erschreckte ihn.

„*Sie müssen den Weitsprung verlieren. Ich will, dass sich Owens siegessicher wähnt, dass er als Neger gewinnt und es ihnen zeigt! Und wir werden es so drehen, dass Sie ihm dabei helfen, zu gewinnen, Sie, als Vorzeige-Nazi, gehen hin und geben ihm Tipps, wie er richtig springt und dann gewinnt! Er hat nämlich eine große Schwäche, er verpatzt sehr oft den Absprung und übertritt.*

Wir haben alles genau geplant. Sie werden die Welt aus den Angeln heben, gemeinsam, Schwarz und Weiß, vereint, solidarisch, kooperativ. Niemand kann diese Zusammenarbeit stoppen. Der Welt wird suggeriert, dass alles nur gemeinsam geht, Hand in Hand, einig, über Hautfarben hinweg.

Wir werden davon profitieren und uns Deutsche, speziell Sie, Long, wird nie jemand jemals vergessen. Ihre Medaillensiege werden zwar vergessen sein, aber das, was Sie tun werden, wird die Welt verändern. Wir werden es schaffen, dass die ganze Welt uns Deutschen zu Füßen liegt, uns gehorcht und sich unserer großen Bewegung anschließt, ohne, dass ein Schuss fallen muss.

Wir werden die ganze Welt beherrschen und unser Führer wird der Präsident der Welt werden!"

Luz schaute befremdet, er hatte das Gefühl, der Reichssportführer wäre übergeschnappt. Jetzt wurde ihm klar, in welchem Staat er leben musste. Luz ließ sich natürlich nichts anmerken. Aber innerlich bekam er große Angst.

Nun sollte er die Weltübernahme beginnen. Welch' große Aufgabe, welche Last wurde ihm da aufgebürdet?!

Von Tschammer und Osten schaute ihn plötzlich fragend an: *„Können Sie mir folgen und, wie finden Sie das eigentlich? Sind Sie stolz?"*

„Ich bin sprachlos, Sie haben solch großartige Ideen, mein Reichssportführer! Ich muss das alles erst einmal verdauen, aber ich kann Ihnen jetzt schon sagen, ich empfinde Ihren Vorschlag als eine große Ehre und ich bin mit fliegenden Fahnen dabei. Das ist eine tolle Idee. Lassen wir das große Ganze befördern!"

Luz wurde es innerlich flau, denn er hatte dick aufgetragen, aber sein Reichssportführer war derart in „Rage", dass er nicht bemerkte, wie Luz insgeheim dachte und fühlte und das war natürlich auch gut so.

„Beim Finale, und ich gehe fest davon aus, dass Sie beide dort sein werden, soll Owens beim ersten Sprung, da wo alle besonders gespannt sein werden, versagen, verspringen. Sie werden dann zu

ihm gehen und ihm, sichtbar für alle, Tipps geben, wie er es besser macht.

Ich hab da schon meine Vorstellung. Sie werden, auch wieder für alle nachverfolgbar, Ihr Handtuch vor die Linie legen, damit er sieht, ab wo er abspringen soll, damit er nicht wieder vertritt. Dann wird er einen ausgezeichneten Sprung abliefern müssen."

„Aber, wenn das nicht gelingt? Dann platzt die Blase!", flüsterte Luz, fast mit Erfurcht.

„Nein, dann hat Owens ja noch zwei weitere Versuche, bei denen er verspringen kann. Ich finde es nur am besten, wenn es direkt am Anfang ist.

Alle werden wie ein Flitzebogen gespannt sein und genau dann versagt er und Sie, der „deutsche Arier" hilft ihm. Hitler wird so tun, als tobe er!

„Hitler weiß davon?", fragte Luz ungläubig.

„Es ist sein Befehl!", antwortete er nur kurz.

„Dann werden Sie am Ende, nachdem Owens die beiden anderen Sprünge erfolgreich gesprungen ist, nach Ihren eigenen, beiden erfolgreichen Sprüngen, bei Ihrem letzten Versuch, stolpern und Owens wird dadurch siegen."

„Ich soll Owen den Sieg schenken? Ich glaube es nicht! Das ist total verrückt, aber ich verstehe, es ist

für uns alle besser!", sagte Luz ungläubig und verwirrt.

„Ja, Owens wird Gold holen und Sie Silber. Warum? Weil Sie dann aller Welt gezeigt haben werden, Owens ist ein naturbegabter Neger, der alles nur mit der körperlichen Gestaltung schafft und wenig im Kopf hat, einer, der nur „animalisch" siegen kann. Er versagt und zeigt Schwäche, aber, wenn ihm ein Arier, wie Sie, hilft, schafft er es, und nur dann.

So werden aber auch Sie, trotz Ihres Fehlsprungs und Ihres „Versagens", als Deutscher Ruhm erlangen, weil Owens, als Neger, es nur mit Ihnen geschafft hat, weil Sie ihm halfen. Am Schluss werden alle sehen, dass er als Neger zwar tatsächlich gewonnen hat, aber nur, weil er durch einen Arier Hilfe erlangte.

Sie werden beide Helden sein und zwar, vereint, als Team, als Bruder und Bruder, Schwarz oder Weiß ist dabei egal. Ein Fanal für die Zukunft, wir werden für alles, was wir planen, freie Hand haben und uns wird die Welt gehören! Wir können und werden Geschichte schreiben und allen wird bewusst werden, dass wir Nazis zum Führen und Herrschen geboren sind, wir sind Arier und uns gebührt nicht weniger, als das!"

„Ich sehne diesen Tag herbei!" sagte Luz überzeugend.

„Wie gut, dass wir Sie haben, Heil Hitler!", sagte von Taschammer und Osten und Luz war damit entlassen.

Luz dachte, die Nazis seien nun alle größenwahnsinnig geworden, aber er ahnte, dass sie es ernst meinten und das machte Luz große Angst. Er war ein Teil von all dem und konnte nichts dagegen tun!

‚Dieses Vorhaben ist der größte Betrug aller Zeiten!', dachte er noch und erst, als er abends im Bett lag, fingen sein Körper und seine Seele an, sich allmählich zu beruhigen. Es war der aufregendste Tag in seinem jungen Leben.

c. Ein letztes Wort.

Wir haben uns jetzt alle denkbaren, möglichen Varianten für die „Freundschaft" zwischen Luz und Jesse angeschaut.

Wer kann wirklich sagen, was die Wahrheit ist?

Alle Ereignisse der Weltgeschichte, die nicht eindeutig ergründet werden können, führen immer wieder dazu, dass sich die Menschen ihre eigenen Theorien aufbauen bzw. ausmalen, um die Lücken ihres Informationsbedarfs aufzufüllen.

Abb. 4

Dies geschah, fast schon logischerweise bei 9/11, was zugegebenermaßen durchaus verständlich ist, bei dem unfassbaren Ausmaß und der unglaublichen Tragweite dieser Katastrophe.

Abb. 5

Auch, dass in der Domstadt Köln, trotz annähernd 90%-iger Zerstörung der ganzen Stadt, die Jahrhunderte alte Kathedrale stehenblieb („naturgemäß" hatte sie einige Blessuren, die jedoch ihre Standfestigkeit nicht beeinträchtigten), wunderte die Kölner und man sprach davon, dass die Amerikaner so beeindruckt von ihr waren, dass sie sie verschont hätten.

Gorbaschow wurde in Deutschland wie ein Popstar verehrt, weil wir Deutsche ihm die Wiedervereinigung Deutschlands zu verdanken hätten, obwohl er

eigentlich als Sowjetführer alles andere, als das, be-
absichtigt hatte.

Abb. 6

Die Mondlandung ist eine weitere Geschichte mit
Verschwörungspotential. Kann sie wirklich stattgefunden haben oder wurde hier „nur" der größte Be-

trug der Weltgeschichte medienwirksam veranstaltet?

Abb. 7

Last but not least, ist auch Jesus eine schillernde Figur und es gibt ebenso viele Interpretationen seines Wirkens, wie es Früchte an einem Ölbaum gibt.

Wir Menschen lieben diese Geschichten und unseren Glauben an das Wundersame, Unerwartete und Hoffnungbringende.

Wer will denn tatsächlich wahrhaben, dass die wundersame Freundschaft zwischen Luz und Jesse ein großer Fake gewesen sein könnte, der uns böse hinters Licht führte?

Abb. 8

Letztendlich ist das alles, irgendwann und irgendwie, irrelevant, denn all diese Dinge haben uns auch Positives, Freude und Seelenfrieden gebracht und das ist bei dem, was alles in der Welt passiert, mehr wert, als Gold. Was wäre, wenn wir alles klar erkennen könnten und das tatsächliche Ausmaß ungeschont auf uns täglich herniederprasselte?

Bleiben wir doch bei unserem Glauben an das, was wir in Erinnerung behalten haben, als etwas, das die Welt ein bisschen erträglicher macht.

Aus heutiger Sicht ist es ein Seelen tröstender, besonderer Moment, wenn wir uns an die beiden jungen Männer Luz und Jesse erinnern, nach so vielen Jahrzehnten, ja bald nach einem ganzen Jahrhundert. Zumindest war es 1936 schon ein Lichtblick und Fanal inmitten einer aufziehenden Weltkatastrophe, die wir heute schmerzlich als Zweiten Weltkrieg und Holocaust kennen.

Heute schadet es niemandem mehr, wenn wir es dabei belassen.

Viel wichtiger ist es, selbst ein **Luz** und/ oder **Jesse** zu sein, wenn es nötig erscheint.

Anhang

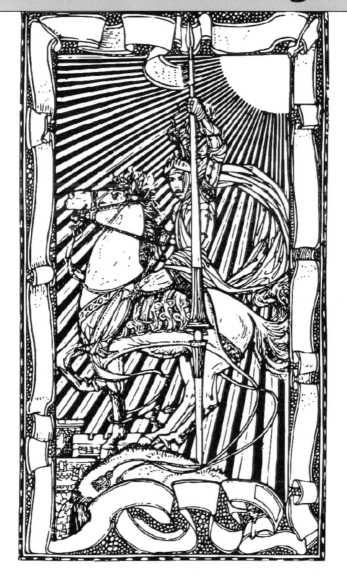

Anhang 1. Epilog.

Wir haben nun die gemeinsame Geschichte zweier junger Weltsportler kennengelernt. Und auch wenn vielleicht einiges nicht beweisfest geklärt werden kann, zeigt sie uns, was alles Respekt und Zusammenhalt, über alle Widrigkeiten und staatliche Repressionen hinweg, bewegen kann.

Würde ein solch mutiges Verhalten von allen Menschen verwirklicht, wären, sofort und ohne Ausnahme, alle Kriege und Konflikte zwischen uns, von einem Moment zum anderen, beendet, der Friede wäre unangreifbar und diktatorische Regime würden fallen.

Es ist die Frage, <u>warum</u> die Menschen anders handeln?! Was hindert sie daran, kooperativ und freundschaftlich zu agieren?

Warum konnten sie Hitler und die Nazis nicht daran hindern, das zu tun, was nahezu unaussprechlich ist?! Warum haben sie keine Wirkung auf Putin, der in unserer Zeit die ganze Welt in Angst und Schrecken versetzt und ein unschuldiges Land vernichten will?!

Es sind wir, die wir uns selbst daran hindern, aus Gier, Machtbewusstsein und weil wir das „Recht des Stärkeren" praktizieren. Machen wir uns diese traurige Erkenntnis bewusst und schenken unseren Mitmenschen, denen, die Hilfe brauchen, die unsere

Nachbarn sind, die, die wir bisher verachteten, ein bisschen Respekt und Nachsicht.

Jesse Owens und Luz Long hatten diese Kraft, sie schenkten sie sich gegenseitig, obwohl die Umstände etwas völlig anderes erwarten ließen. Auch wenn wir uns angeschaut haben, welche anderen Optionen es für dieses Szenario gegeben haben könnte, ist, aus heutiger Sicht, das Ergebnis entscheidend.

Sie trotzten einem der brutalsten und widerlichsten Diktatoren der Weltgeschichte, der dem Momentum dieser Freundschaft zwischen zwei starken Kontrahenten, nichts entgegensetzen konnte.

Ebenso schaffte es dieses Vorbild, die Menschen, die Schwarze eigentlich hassen sollten, umzudrehen und sie für Jesse Owens einzunehmen, ja ihn zu bewundern und zu bejubeln, obwohl sie eigentlich für ihren deutschen Sportler mitfiebern sollten. Eventuelle andere Pläne der Machthaber blieben irrelevant.

Geben wir ihr nach, dieser großen rätselhaften Kraft, die uns, sinnbildlich und vielleicht sogar unbeabsichtigt, Luz und Jesse „hinterließen", wir haben sie alle in uns, nutzen wir sie!

a. Literatur

Krause, Christoph T. M., *"Die Olympischen Spiele 1936 - Die Sammelbildbände. Band I: „Die Olympischen Winterspiele - Vorschau auf Berlin" und Band II: „XI. Olympischen Spiele 1936".*
Hamburg: tredition Verlag, 2023.

Ders., *"Die Olympischen Spiele 1936 - Kommentierte Faksimilefassung. Berliner Illustrirte Zeitung - Sonderausgaben 1+2."*
Hamburg: tredition Verlag, 2022.

Kluge Volker, *„100 JAHRE JESSE OWENS UND LUZ LONG - SIEGT DIE LEGENDE GEGEN DIE WAHRHEIT?"* In: Zeitschrift Stadion - Internationale Zeitschrift für Geschichte des Sports: Bolz, Daphné and Carpentier, Florence, Special Issue - Olympism and International Sport Relations: Academia Verlag, Sankt Augustin: 2012/2013, S. 75ff.

Long, Kai Heinrich, *„Luz Long - Eine Sportlerkarriere im Dritten Reich. Sein Leben in Dokumenten und Bildern."*
Hildesheim: Arete Verlag, 2015.

Hilmes, Oliver, *„Berlin 1936 – Sechzehn Tage im August".*
München: Siedler Verlag, 3. Aufl. 2016.

b. Zeitschriften

Leichtathlet, Der,
*„Amtliches Reichsorgan des Fachamtes Leichtath-
letik im Deutschen Reichsbund für Leibesübungen;
amtliches Organ der Deutschen Sportbehörde für
Leichtathletik".*
Berlin: Limpert, 5. August 1936, S. 3f.
Einzusehen u.a. unter: Köln Sporthochschule Zen-
tralbibliothek, Signatur P63.

Neue Leipziger Zeitung,
Long, Lutz, *„Mein Kampf mit Owens"*
Verlag nicht ermittelbar:
11. August 1936, S. 11 ff.,
einsehbar: Deutsche Nationalbibliothek (DNB),
(SAX, DE-101a), Signatur ZE 244

Spiegel, Der
"Zeitgeschichte – Jesses Märchen"
Hildesheim: Spiegel-Verlag Rudolf-Augstein GmbH
& Co. KG, 29.12.2014, Nr. 1, S. 105 unten.

c. Filme

„Jesse Owens returns to Berlin - Olympics 1936" (1966). Dokumentation.

Film-/ Videotitel:	„Jesse Owens returns to Berlin Olympics 1936" (1966)
Regisseur und Produzent:	Greenspan, Bud
Erschienen:	28.Juni 1996. Kanada.
Laufzeit:	1 Stunde 57 min.
Bildformat:	4:3.
Erzähler:	Jesse Owens und Kai Heinrich Long.
Art des Films:	TV-Sendung.
Permanentlink:	www.youtube.com/watch?v=soOm36ZzCwI
Datum des Abrufs:	07. Februar 2023, 02:31 UTC

„Race". Spielfilm. Amazon-Information.

Film-/ Bluraytitel:	Race – Zeit für Legenden.
Herausgeber:	Ascot Elite Home Entertainment
Regisseur:	Hopkins, Stephan.
Laufzeit:	ca. 117 Min. + ca. 50 Min Bonus.
Erschienen:	6. Januar 2017.
Permanentlink:	https:// www.amazon.de/Race-Zeit-für-Legenden-Blu-ray/dp/B017S7H6IG/ref=sr_1_1?__mk_de_DE=ÅMÅŽÕÑ&crid=3BNWRNIUW91M1&keywords=Race+jesse+owens&qid=1675732584&s=dvd&sprefix=race+jesse+owens%2Cdvd%2C139&sr=1-1
Datum des Abrufs:	07. Februar 2022, 02:21 UTC
Bildformat:	16:9.
Angaben exzerpiert von:	**Amazon Media EU S.à r.l.** (Verkäuferin hinsichtlich der mit "Verkauf durch Amazon Media EU SARL" gekennzeichneten digitalen Inhalte): Amazon Media EU S.à r.l. (Société à responsabilité limitée), 38 avenue John F. Kennedy, L-1855

	Luxemburg. (Stammkapital: EUR 50.000; registriert beim RCS Luxembourg; Register-nummer: 112767; Business Licence Number: 110001; Ust-ID: LU 20944528). Die Gesellschaft wird gesetzlich vertreten durch Eric King.

d. Online

ZEIT ONLINE:
Zitieren von Quellen im Internet: URL:
https://www.zeit.de/1964/26/index.
Stand 19.02.2023.
Zeit Online. ZEIT Nr. 26/1964:
o.O. 26. Juni 1964, 08:00 Uhr, o. S.
Autor: Metzner, Adolf, Im Jahre 1936, Ein Amerikaner in Berlin. Jesse Owens und Hitler Das IOC kuscht nicht.

Nr. Abb.	Anhang 3. Bildquellen. Seite 1.
	Art + Herkunft der Abbildung
Cover	„30.11.1935 *[dies ist ein dem Lieferanten bekannter Fehler, mit an Sicherheit grenzender Wahrscheinlich-keit, ist das richtige Datum der 4. August 1936, im Fina-le Weitsprung, Anm. d. Verf.]* – Die Sportler Luz Long (l) und Jesse Owens (r) unterhalten sich in einer Pause des Weitsprungwettbewerbs während der Olympischen Sommerspiele 1936 in Berlin. Jesse Owens gewinnt" Picture-alliance / dpa. **Bezeichnung fürs Buch:** **Luz und Jesse Owens auf der Stadionwiese.**
Inserts	„Fackel, Flamme, Feuer, Brennen", www.pixabay.de, Karogers. Pixabay Nr. 3680063. **Bezeichnung fürs Buch:** **Olympische Fackel.**
1	„Besucher vor dem Osttor, 1936, Am Preußenturm (rechts) befand sich ein Hakenkreuz", „Olympic Stadium in Berlin 1936." Autor: Josef Jindrich Sechtl https://sechtl-vosecek.ucw.cz/cml/dir/berlin_1936_35mm.html. CC BY 2.5, Dateiname: Berlin36-2.jpg Erstellt 19. Dezember 2005. **Bezeichnung fürs Buch:** **Eingang Olympiastadion 1936.**
2	„Olympiastadion (Berlin-Westend) Glockenturm". Dies ist ein Foto des Berliner Kulturdenkmals mit der Nummer 09040530. https://denkmaldatenbank.berlin.de/daobi.php?obi dok nr=09040530. Wikidata:https://wikidata.org/w/index.php? search=haswbstatement%3AP2424%D09040530. Urheber: Bodo Kubrak. Creative-Commons-Lizenz „Bodo Kubrak-Weitergabe unter gleichen Bedingungen 4.0 international". https://creativecommons.org/licenses/by-sa/4.0/deed.de 11. Februar 2015. UTC 17:43 **Bezeichnung fürs Buch:** **Olympiastadion. Glockenturm.**

Nr. Abb.	Anhang 3. Bildquellen. Seite 2.
	Art + Herkunft der Abbildung
3	„Fußballspiel bei den Olympischen Spielen", Bundesarchiv, B 145 Bild-P017184/Frankl. A./ CC-BY-SA 3.0, Berlin, Olympiade, Stadion.jpg. Erstellt: August 1936. **Bezeichnung fürs Buch: Olympiastadion von der Straßeseite, von einer erhöhten Position aufgenommen.**
4	World Trade Center, New York City, 1973. Fotografie aus Privatarchiv des Autors.
5	„Köln, Bombardierung, Zerstörung, Krieg, Nachkriegszeit.", aus www.pixabay.de, Wikilmages. Pixabay Nr. 63176. **Bezeichnung fürs Buch: Anflug auf Köln.**
6	„Michael Gorbatschow, Präsident, Porträt, Mann, Russland". www.pixabay.de, ProsaClouds Pixabay Nr. 7458922. **Bezeichnung fürs Buch: Gorbatschow.**
7	„Mondlandung, Apollo 11, Buzz Aldrin, Lunar, Luna". www.pixabay.de, Wikilmages. Pixabay Nr. 60543. **Bezeichnung fürs Buch: Mondlandung.**
8	„Religion, Gott, Menschen, Kreuz, Kreuzigung". www.pixabay.de, kalhh. Pixabay Nr. 3260026. **Bezeichnung fürs Buch: Jesus.**